医療事故・ペイシェントハラスメント

紛争予防・解決の実践的手法

患者・家族との向き合い方

弁護士 福﨑博孝 著
fukuzaki hirotaka

日本法令®

まえがき

1　いま医療機関はハラスメントトラブルに苦慮している

私は、令和４年１月から令和５年１月までの１年間で、合計18回の研修・講演を行いました。依頼をしてきた組織は、病院など医療系組織から14回、民間企業などの非医療系組織から４回（うち大学１回）ですが、その求められたテーマはパワーハラスメント（パワハラ）講演が７回（病院３回、民間４回）、ペイシェントハラスメント（ペイハラ）講演が７回、医療倫理講演が４回（「医療事故紛争における患者・家族との向き合い方」が２回、「終末期医療」が２回）となります。

このことからもわかってもらえると思いますが、医療の現場ではパワハラ、ペイハラなどのハラスメントトラブルが多くなっており、医療機関ではその対処に苦慮しています【注】。このうちパワハラは医療機関内部の問題として対処していくことになりますが、医療事故紛争やペイハラトラブルは相手が「外部者としての“患者・家族”」であるだけに微妙な対応が求められ、非常に困難な対処を強いられることが多くなっています。

本書ではそのことを中心に筆を進めていくことになります。

【注】 医療事故紛争における患者・家族又は遺族から医療者への様々の要求圧力（プレッシャー）は、一般的にその目的（当該医療事故の原因究明や責任追及など）の妥当性・正当性が否定できず、それが手段・態様という側面からその相当性が認められる限り、ペイシェントハラスメント（ペイハラ）と同様の取扱いはできません。しかし、そ

の境界線を見定めることが難しく、"医療者への要求圧力も相当に強くなる可能性があること"、"それが手段・態様の側面から明らかにその妥当性・正当性を逸脱するものとなる可能性もあること"を考えると、本書においては、これら２つの紛争に対する対処法などについて、それなりに近似したものとして取り扱う必要があるものと考えます。

2　患者・家族の"誤解や悪感情"が医療関係紛争を惹起する

⑴　以上のとおり、いまの医療の現場において重要な課題の一つとなっているハラスメント問題には、①"職員間パワーハラスメント"のほかに、②"ペイシェントハラスメントにおけるペイハラ患者・家族への対処の仕方"と、③"医療事故紛争に際しての患者・家族又は遺族への対処の仕方"があります。

通常は、これら②③の２つの紛争を別々に取り扱って検討することが多いようですが、そもそも、「紛争」とは「事がもつれて争いになること」「個人や集団の間で、対立する利益や価値を巡って起きる行動や緊張状態」をいうのであり、そういう意味での「紛争」ということであれば、この２つの根っこは同じといえます。しかも、いずれも"医療や医療行為から派生する争い事"なのですから、この２つの紛争に線引きすることも困難な場合が多いのです。

つまり、"医療事故紛争"と"ペイハラトラブル"とは、医療者側と患者・家族側との間の信頼関係が欠如又は希薄化してしまったところに惹起される"医療や医療行為に由来する「争い事」"という意味ではほとんど同じであり、また、"ボタンの掛け違い”、“互いの誤解や感情の行き違い”が、その争いに大きく影響しているという意味でも同じといえます。すなわち、人間関係的な側面からいえば、医療事故紛争とペイハラトラブルとはその根底に横たわるものが同じといえるのであり、したがって、その対処方法も総論的には同様のことが問題となってくるはずなのです。

(2)　これら2つの紛争（医療事故紛争とペイハラトラブル）を「医療関係紛争」という大きな括り（くくり）で見ていくと、「コミュニケーションの欠如」「インフォームド・コンセントの欠如」「信頼関係の欠如」などという総論的な共通項がすぐに思い浮かびます。しかも、医療事故紛争が患者・家族の度を超した感情的言動によって、いわゆるペイハラトラブルといわざるを得ない状況に陥ることもよく見られる光景です（つまり、医療事故紛争がペイハラトラブルに立ち至ってしまうことも非常に多いのです）。このような意味では、医療事故紛争とペイハラトラブルとは垣根がなく、“線引きが困難”であって、そこには比較的広いグレーゾーンの拡がりがあるといえます。

要するに、「医療事故紛争」と「ペイハラトラブル」とは、“人間の誤解や悪感情”という根っこの部分において共通するところが多く、「医療関係紛争」という括り（くくり）で説明した方がわかりやすいのではないかと考えられます（もっとも、そのようなことでは説明のつかないパーソナリティ障害をもつ又はそうとしか考えられない患者・家族からの医療者への攻撃的ペイハラがあることは否定できません）。

(3)　医療事故紛争・ペイハラトラブルなど医療関係紛争の多く

は、医療者に対する患者・家族の“誤解や悪感情”という“患者・家族の心模様”によって始まります。そして、それを医療事故紛争の側面で見ていくと、その多くの場合に、医療事故という突然の事態（近親者の突然の死などの想定外の事態）における精神的ショックを患者・家族が受けている状況の中で、「医療者の軽率で不用意な言動」がその悪感情を惹起させ、さらに増幅させることになるのです（しかも、医療者がそれに気付いていないことも多いようです）。

例えば、医療事故により近親者の死に遭遇した“遺族の悲しみ・怒り・無力感といった絶望の感情”は、医療者の“不十分なインフォームド・コンセント”や“軽率で不用意な言動”によって、大小の誤解を介しながら、“不信感・怒り・憎しみという悪感情”となって医療者に向かってくるのです（そして、その感情が高じてしまうと、医療者は患者・家族からのペイハラ言動にさらされてしまうのです）。

すなわち、医療関係紛争は、「医療者側の何らかの過誤・過ち」、又は、そのことについての「患者・家族の誤解」によって発生するといえます。そして、その根底にはこれらに関わる「患者・家族の医療者に対する悪感情」（医師や看護師に対する不信感・怒り・憎しみ等の、患者・家族の心の中に渦巻く悪感情）があるのです。つまり、「悪感情のないところに紛争（訴訟）はない」ともいえますし、また、医療者への悪感情がない限り、少なくとも大きな紛争にはなりようもないということなのです。

3　医療者は“常識ある言動”によって医療関係紛争を回避しなければならない

医療者は、このような事態を避けるための“倫理的な知識と対処手法”を身につけなければなりません。倫理の「倫」とは「人の輪、仲間」、「理」とは「模様、ことわり」という意味であり、したがって、「倫理」とは（本来的には）「仲間の間での決まりごと、守るべき秩序」という意味であって、ここで求められているのは、そのレベルでの「倫理」ということになります。

すなわち、ここで求められている「倫理」は、「人間社会において人としてとるべき常識的な対応」（社会常識）という程度の意味であり、医療者は、倫理的な初歩として、患者・家族の誤解を避けるために“事前のインフォームド・コンセント”を十分に実践しなければならず、また、その前提として“コミュニケーション関係を確立”しなければならないということなのです。

そしてさらには、医療事故直後においても患者・家族に対し謝罪等の誠実で真摯な対応（倫理的な対応、社会常識的な対応）をとらなければならないということにもなります。この点は、ペイハラトラブルでも同じであり、医療者側のミスに起因する患者・家族のペイハラ言動である場合には、まずはそのことをペイハラ患者・家族に謝罪するところから、その対応が始まるのです。

つまり、その意味では、この程度の医療者の倫理行動（常識的行動）によって、医療事故紛争やペイハラトラブルを避けることができる場合もあり、また、医療事故紛争やペイハラトラブルの深刻化を回避することもできるはずなのです。

いずれにしても、医療事故紛争やペイハラトラブルでは、医療者側の大小のミスやその積み重ね、人間社会において人としてとるべき常識的な対応の欠如によって、患者・家族に誤解を与え、“不信感・怒り・憎しみという悪感情”を惹起させていることが多いといえます。

すなわち、医療者は、普段から「軽率で不用意な言動」を慎み、人間社会において人としてとるべき常識的な対応を心掛け、患者・家族との間の誤解を回避し、患者・家族に悪感情を惹起させないように努力する必要があるのです（もちろん、そういう対応で対処できないパーソナリティに問題を抱えた患者・家族等に対しては、他の対処法を考える必要があります)。

4　本書において明らかにしたいこと
　－紛争回避の手法

本書では、医療事故紛争やペイハラトラブルを回避するための「患者・家族との向き合い方」をまとめたつもりです。そしてそれは、①医療事故紛争やペイハラトラブルに多く携わってきた私の経験（特に、弁護士登録した昭和56年から平成10年ころまでの患者・家族側の代理人としての様々な経験、平成10年ころ以降の医療者側で対応してきた医療事故紛争・ペイハラトラブルの経験）と、②過去の多くの判例・裁判例によって得た知識を前提としてまとめています。

すなわち、本書においては、私の長年の弁護士としての経験や過去の多くの判例・裁判例（そこに見られる医療の実態）を参考にし、医療事故紛争やペイハラトラブルが“患者・家族の「誤解と悪感情」により生じるものである”ということを常に意識して、その紛争やトラブルの回避の手法を検討しなければならないことを、医療者の皆さんに明らかにするつもりなのです。

令和５年７月

弁護士法人ふくざき法律事務所
弁護士　福崎博孝

もくじ

まえがき

序章
臨床医療現場での具体的な体験によって形成された“医療関係紛争に関する私の考え方”

第1章
医療事故紛争、“その患者・家族との向き合い方”（医療事故紛争の回避の仕方）

第2章 ペイシェントハラスメント、“その患者・家族との向き合い方”（ペイシェントハラスメントへの対処法）

資 料

【注】本書においては、以下のような略語を使うことがあります。

・「ペイシェントハラスメント」のことを「ペイハラ」ということがあります。
・「ペイシェントハラスメントを行う患者・家族」のことを「ペイハラ患者・家族」ということがあります。
・「ペイシェントハラスメントトラブルによる患者・家族と医療者（医療機関）との間のトラブル」を「ペイハラトラブル」ということがあります。
・「医療事故に起因する患者・家族と医療者（医療機関）との間のトラブル」を「医療事故紛争」ということがあります。
・「医療事故紛争とペイハラトラブル」のことを「医療関係紛争」ということがあります。
・「パワーハラスメント」のことを「パワハラ」ということがあります。
・「セクシュアルハラスメント」のことを「セクハラ」ということがあります。
・「マタニティハラスメント」のことを「マタハラ」ということがあります。
・「パタニティハラスメント」のことを「パタハラ」ということがあります。
・「厚生労働省」のことを「厚労省」ということがあります。

序章

臨床医療現場での具体的な体験によって形成された〝医療関係紛争に関する私の考え方〟

1

私の弁護士としての履歴（自己紹介）

私は、昭和56年に長崎県弁護士会に登録して弁護士業務を始めましたが、それから今年で42年になります（いま69歳）。この間、長崎北松じん肺訴訟事件、豊田商事「金」ペーパー商法事件（いわゆる「豊田商事事件」）など投資取引被害者救済事件、雲仙普賢岳噴火災害や阪神淡路大震災の被災者支援活動を契機とした“被災者生活再建支援法”の制定運動などに関わってきました。

そのため、日本弁護士連合会（以下「日弁連」といいます）の委員会活動としては、当時、日弁連消費者問題対策委員会、日弁連災害対策基本法小委員会、日弁連阪神淡路大震災緊急対策本部「自然災害に対する保障制度検討小委員会」などに所属していました。

このように、私の若い頃の弁護士としての活動は、“被害者・被災者”と呼ばれる人たちの側に立った活動が多く、医療事故紛争でも“患者・家族”側の代理人となっていたのですが、平成10年ころから医療機関の臨床医療法務に携わるようになっています。平成10年に長崎県医師会と関わりをもち、平成16年に長崎市内のＡ病院（病床数約300床、職員総数約700名、医師数約70名、看護師数約350名）の医療安全管理委員会の委員になってからは、医療関係紛争では患者・家族側に立つことはなく、すべて病院側での対処・対応（その助言や代理人活動）を行ってきております。

そしていま弁護士歴42年をむかえ、弁護士としての最後の業務としては、医療事故訴訟などの訴訟事件等の業務よりも、“病院等の臨床現場にコミットした様々の臨床医療法務”に関わることが多くなっています。いまのコロナ禍において医療機関の臨床現場は大変な状況にありますが、それに伴って、医療事故紛争、ペイハラトラブル（患者・家族からの医療者への暴言、暴力、いじめ・嫌がらせ、セクハラ等）、職員間ハラスメント（上司からのパワハラ、セクハラ、マタハラ等）などが非常に多くなっており、医療現場の疲弊の原因の一つになっています。いずれにしても私は、今後、弁護士歴を終えるまでその業務の中心は“臨床現場にコミットした医療法務”ということになりそうです。

2

“患者・家族側の弁護士だった過去の履歴”と、それに影響された“私の考え方”

以上のとおり、私は昭和56年からの17年間（平成10年まで）は、医療関係紛争についていえば、患者・家族側で医療事故訴訟などの医療紛争に携わってきました。それを専門としていたわけではないので、医療事故“訴訟”を受任するとしても１～２年に１件というペースだったと思いますが、相談を受けた事案の件数は訴訟事件数の倍は超えるものと思われます。したがって、医療事故に遭って打ちひしがれた患者・家族との交わりも多く経験しており、医療事故に遭った患者や家族あるいは遺族が、“何に怒り”、“何に悲しみ”、“何を求め”、そして、“何に喜ぶのか”などについてはそれなりに理解しているつもりです。

(1) “患者・家族の感情”に結論が左右された２つの医療事故事案について

特に、医療訴訟や医療事故紛争が、“人の感情のなせる業（わざ）”であることも、何度となく経験しています。例えば、私が弁護士になって１年目（約40年前）に関わった“唇裂口蓋裂の幼女が術中に呼吸困難となり重度の脳障害を遺してしまった医療事故”において、当初当該病院は「気管カテーテルの分泌物による閉塞」と説明していたところ、その後しばらく経ってから「アナフィラキシーショック」にその原因説明を変更（死亡原因・その責任原因について突然、その見解を変更）しましたが、そのことから患者のご家族（ご両親）が病院に強い不信感をもつようになり、信頼関係が破綻して訴訟提起に至った事案を経験しました。

もう一つは、“病院側に過失がある医療事故”により夫が死亡し、妻が幼い子どもとともに取り残されることになったという事案がありましたが、亡夫の闘病生活の中で当該病院の医師・看護師に親身になってお世話いただいたという強い感謝の気持ちから、訴訟提起直前の最後の土壇場になって、亡夫の親兄弟（舅・姑など）の意向に反して、妻がその医療事故訴訟を提訴しなかったという経験をしました。

前者の事案では、気管カテーテルの閉塞で“有過失に争いがない”と思われていたのに、その原因をアナフィラキシーショックにその見解を変えられてしまい（事実上“無過失”との見解に変えられてしまい）、患者・家族（ご両親）を感情的にさせて訴訟提起にまで至った事案であり、一方後者の事案は、カルテ等の証拠からも病院側に過失があると考えられていたにもかかわらず、当該病院への感謝の気持ちが強く、結果的に訴え提起を躊躇し訴訟を思い止まった事案ということになります。

すなわち、これらは“患者のご家族の感情”により逆の結論になってしまっており、それ（患者のご家族の感情）によって訴訟に至った事案と、そうはならなかった事案に分かれてしまっているのです。この２つの事件は、私に対して、“医療関係紛争は患者・家族の感情によって右にも左にもぶれてしまうものであること”を強く印象付けてくれました。

⑵ 医療事故事案の紛争の背景は“判決書”を読むと理解できる場合がある

この２つの実際に経験した事案での人間関係・人間模様が、医療関係紛争に対する私の考え方に強く影響を及ぼしています。そして、医療事故が紛争になり医療訴訟にまで至った事案では、その人間関係・人間模様が「判決書」の中に反映されている場合があります。したがって、判例集の判決文を読むだけでも、“その紛争がなぜ訴訟提起にまで至ったのか”、“どうして訴訟前に示談で終わらせることができなかったのか”、“どうしてそこまで紛争が大きくなり、裁判所までその処理を持ち込むことになったのか”等の理由や事情のアウトラインがそれなりに理解できる場合もあるのです。すなわち、私は、医療関係紛争に関する多くの事案を担当してきた“実際の体験”と、読み漁ってきた“多くの判例・裁判例”の事実関係（私にとっては机上のバーチャル体験）を参考にすることによって、この紛争が“どうして訴訟にまで至ってしまったのか”という点をそれなりに考えるようになり、“そうならないようにするためにはどうしたらよいのか”ということも思考するようになったのです。

いずれにしても、“医療関係紛争が惹起されるかどうか”、“それが深刻化するかどうか”等という点については、“患者・家族又は遺族の感情”が深く関わっており、それを左右する一番大きな要因が「医療者側の言動」であることは、私の経験からも、また判決文に見られる事実関係からも明らかなことなのです。

3

A病院の医療安全管理委員会で学んだ“患者・家族との向き合い方”

(1) 医療の現実を知って（患者・家族と医療者の）双方の考え方を理解できるようになった

私は、平成10年に長崎県医師会と関わるようになり、病院側で医療事故訴訟あるいは示談交渉事件を担当するようになりましたが、それまでは患者・家族側の代理人弁護士であり、実際の医療現場のことはほとんど知りませんでした。しかし、平成10年以降は、医療事故訴訟などの医療事故紛争のみではなく、医療現場に招聘されての研修・講演を担当することも多くなり、少しずつ臨床医療の現実を知り、その現実の姿を垣間見るようになりました。そして、平成16年にA病院の医療安全管理委員会の委員になってからは、その本当の姿（医療現場の現実）を目の当たりにすることとなったのです。

そして、その医療の現場で、多くの医療者が“何に苦しみ”、“何に苛立ち”、そして、“何に喜びを感じているのか”を知り、それこそ患者・家族の立場に立ったことのある私は、双方の立場を経験することになって、そのことから“患者・家族”や“病院で働く人たち”の双方の気持ちを考えることができるようになったように思えます。

“医療事故に遭った患者・家族が医療者側をどう見ているのか”を知っていることは、医療事故紛争での患者・家族への対応の仕方、交渉の仕方に影響を与えます。また、“医療者が医療事故に遭った患者・家族をどういうふうに見ているか”、あるいは、“患者・家族に対しどういう考え方を持っているのか(又は、持っていないのか)”を知っていることで、医療者側の対応の間違いや拙さ（まずさ）を指摘し助言することもできるのです。

⑵　A病院の医療安全管理委員会が私の思考を鍛えてくれた！

A病院での月に１回の医療安全管理委員会では、医療事故訴訟を少しかじったことがある程度の知識と経験では、何の役にも立たないことを思い知らされました。医療の現場を内部から垣間見て、そこで繰り広げられる“医療の様々な問題点の指摘”と“解決案の導き出しやその選択”はそう簡単なことではなく、私に飛び切りの努力（勉強）を要求しました。A病院の医療安全管理委員会は、私にとってＯＪＴ（オン・ザ・ジョブ・トレーニング）の場であるとともに、広い知識の獲得を要求される厳しい修行の場でもあったのです。

それこそ、医療事故リスクとその対策そのものの問題だけではなく、“インフォームド・コンセントの在り方”、“カルテの記載の仕方”、“謝罪の仕方”、“医療倫理に関する具体的な事案”など幅広い知識と経験が求められたのです。医療安全管理委員会の委員に就任した平成16年当時の私の医療法務の知識と経験ではほとんど対応不能の状態であり、それを打開するために、当時それほど多くはなった医療法務の書籍や判例・裁判例を読み漁り、乏しい自分の知識と経験を補おうと努めました。
一方では、その過程において、医療の現場では“医療者にも法的な素養が必要であること”に気が付き、読み漁った判例・裁判例などをレポートにしてほぼ毎回委員会で報告するようになりました。

⑶ 当時（平成16年頃）の病院ではペイハラトラブルが急増していた

以上のような経過の中で、病院の臨床現場に“クレーマー患者・家族”が見られるようになり、なかにはモンスター化して「モンスターペイシェント」と呼ばれるようになる患者・家族までもが出現するようになっていました。平成13年ころには労働局に個別労働紛争調整委員会が創設され（私は平成13年に長崎労働局の個別労働紛争調整委員会の初代会長に就任し、その後７年間はその職にありました）、職場の労働紛争が統計処理されるようになると、“職員間パワハラ”が急激に増加していることがわかってきました。そして、それと軌を一にするように、医療の現場でも、“患者・家族からの暴言、暴力、いじめ・嫌がらせ、セクハラ”などのペイシェントハラスメント（ペイハラ）が目に見えて増加していたのです。
Ａ病院からの私への法律相談も、当初そのほとんどが医療事故紛争でしたが、その後徐々にペイハラトラブルが多くなり、いつのころか、医療事故紛争よりもペイハラトラブルの方が断然多くなっていたのです。

⑷ 当時のペイハラトラブルへの対応は“職員個人の力量”に任されていた

しかし、その当時のA病院でさえも、ペイハラ対応は十分とは言い難く、むしろ、ペイハラ患者・家族に対し、どう対応すればよいのかがわからないまま“右往左往している”という現実がありました。

しかも、当時のペイハラ対応は、病院職員の“個人的力量に任されている”という現状もありました。A病院だけではなく、そのほとんどの病院において、ペイハラトラブルが発生した当該病棟の師長や看護部長がクレーム対応を行うか、又は、総務系の事務職員がペイハラ対応をするか、その双方が協力してクレーム対応をしていくか、という単純なもので、いずれにしても、“当該職員らの個人の力量”で処理することが当然のことと考えられており、“病院全体としての組織的対応や組織的支援”などは全く考えられていなかったように記憶します。

⑸ 職員個人の力量に任されたペイハラ対応は“その職員を精神的に追い詰める”

そのためにどういうことが起きたのか…。

ペイハラ対応が職員個人の力量に任されていたために、その限界を超えてしまうと、①心療内科に通院する看護師が見られるようになり、②睡眠導入剤を常用するクレーム担当職員が増え、③ペイハラ対応で精神を侵されて家庭が崩壊した（離婚した）クレーム担当職員までもが見られるようになったのです。

私は実際に、多くの病院でそのような人たちを少なからず見てきています。このような職員たちの中には、④精神をやられて休業し、挙句の果てには退職してしまう人たちもいました。また、⑤ペイハラ担当を余儀なくされている職員からは、「自分らの仕事は、“ゴミ拾い”、“トイレ掃除”みたいなものだから…」などという投げやりな言葉を何度となく聞かされました。

⑹ 当時の私（弁護士）には何もできなかった

ではその一方で、A病院でペイハラトラブルの相談を受ける顧問弁護士（私）は何をしていたのか…。

たまにペイハラトラブル事案の法律相談がA病院やその他の病院の総務課から回ってきていました。総務課長・総務係長などがペイハラトラブル処理の直接の担当者（担当事務職員・看護師など）を連れてきますが、何の対応もできずに、疲弊だけが進んでいる臨床現場が多かったように思います。その一方で、弁護士の私はというと、私には臨床現場への直通のパイプもなく、具体的な情報にも乏しく、そのために紛争の実態を深く思いいたすことさえできずに、“単発的・断片的な話”を聞いて、“そこで思いつく助言をする”だけということに終始せざるを得なかったのです。それこそたまに、あまりにも酷いペイハラ患者・家族（いわゆるモンスターペイシェント）が現れると、私自身が臨床の現場に赴いて対処することもありました。しかし、それこそ弁護士の私の手にも負えず、かえって私の方が罵倒され、喚かれ（わめかれ）、物投げされて、散々な目に遭うのが落ちでした。

(7) ペイハラトラブルに対し“病院全体で組織的対応”を行うようになった！

しかし、A病院では、ペイハラトラブル事案を“医療安全管理委員会で取り扱っていたこと”が幸いしました（ペイハラトラブルも医療又は医療行為に起因する紛争である以上は、事案によっては医療安全の問題と線引きが困難であり、医療安全管理委員会で取り扱わざるを得なかったのです）。その間かなりの頻度で、現場で処理に困っているペイハラトラブル事案が委員会での議事の俎上に載せられ議論することになりました。そして、「いまのままペイハラトラブル事案を担当職員の個人の資質だけに頼ることには限界がある」ということが共通認識となり、病院全体での組織的な対処方法を検討するようになったのです。

その結果、A病院では、①院長に対し“ペイハラ患者・家族を適切に指導しなければならない”という責務を課し【注】、その上で、②医療事故紛争やペイハラトラブルに対処する「医療安全推進室・患者相談支援室」（以下「推進・支援室」といいます）を「院長直轄（直属）」とし、③副院長を推進・支援室の長に据えることにしたのです。要するに、“ペイハラ担当職員（事務職員、保安職員、看護師等）の後方支援”を病院全体で実施し、それを徹底することにしたのです。そしてさらに、④推進・支援室と顧問弁護士（私）を直結し、総務課を通さずに、適宜速やかに、メール・電話での直接相談を可能としたのです。推進・支援室の担当者は弁護士（私）に対し、常時、事件を起こしそうな特定のペイハラ患者・家族の情報提供をし、弁護士は、その情報を前提に、何かトラブルが起きたら即断即決の助言を行う、という体制を構築しました。

【注】 平成26年に制定したA病院の秩序維持管理規程では、「院長は、病院における秩序の維持に関し、診療を受ける者及び関係者に対して周知徹底を図るとともに、“暴力・暴言・セクハラなどにより業務に支障を生じさせる行為等を行い病院内の秩序を乱す者”に対しては、退院（退去）勧告又は診療拒否に関する注意を行うなど、適切な指導をしなければならない」と規定しています。

(8) ペイハラ担当職員への“後方支援”が可能になった！

以上のように、病院全体で組織的に対応できるようになったことから、ペイハラ担当職員は安心してペイハラ患者・家族に対処することができるようになったはずです。“何があっても病院が守ってくれる”という安心感は、ペイハラ担当職員にとって、ペイハラ患者・家族と対峙するために必要不可欠なものだといえます。

また、ペイハラ担当職員が院長直属の部署に所属することによって、病棟看護師や医師などの協力も得やすくなります。それまでのように、「それはあなたたち（ペイハラ担当職員）の仕事でしょう…」などという冷たい扱いを受けることもなく、ペイハラ担当職員の主導でペイハラ患者・家族との対応に他の職員（医師・看護師など）の協力を得やすくなったことは、それだけでも孤立感が解消することになったはずです。

⑼　原則的に弁護士（私）は患者・家族と直接対峙しない（ようにしている）

もっとも、それでも、弁護士である私は、推進・支援室の職員に対し助言をするのみで、原則として、“直接にはペイハラ患者・家族に対処しない”ことにしています。医療事故紛争にしても、ペイハラトラブルにしても、いわゆる医療関係紛争は、“医療者と患者・家族との間の信頼関係が崩壊したこと”によって起きています。その医療関係上の信頼関係を修復しないことには、当該患者の診療継続を前提としたトラブルの解決、紛争の解決などは望むべくもないのです。であるとすれば、そこに無原則に弁護士を介入させることは、かえって事案を混乱させ複雑化させてしまい、その解決を著しく困難なものにしてしまいます。まずは医療者が患者・家族との間の信頼関係を回復してその問題を解決するという努力が必要なのです。

もちろん、その修復の可能性がないところにまで立ち至ったときには、弁護士の介入もあり得ますが、その時点では、“信頼関係の回復”というよりも、“医療者と患者・家族との関係性を（できれば穏やかに）終わらせること”に終始することが多くなります（もっとも、争い事ですから「穏やかに」というわけにはいかないことが多いのですが…）。また、最初から信頼関係の修復など考えられないような事案もありますが、そのような事案では早い段階で弁護士介入を行うことになります。

いずれにしても、弁護士の医療関係紛争に関する業務は、原則として、クレームや紛争を担当する病院職員の裏に回った予防指導・対応指導（サポート）ということにならざるを得ないと考えています。

⑽　ペイハラトラブル対応にはいくつかの重要な原則があることに気が付いた！

以上のような経験を重ねてきた私は、次のような極めて重要な点に気が付きました。そして、本書ではそのことを前提として書き進むことになります。もっとも、私が気付いた以下の❶～❹は、気が付いてしまうと何のことはない、「至極当然のこと」だったのです。

【ペイハラ対応４原則】

❶　**病院は常に職員を守ること！**

（職員に対する病院の安全配慮義務の履行として当然である）

❷　**病院は常に病院組織全体で対応すること！**

（職員の個人任せにしない）

❸　**病院は常に職員を複数で対応させること！**

（職員の身の安全を守るためには複数対応を必ず実行する）

❹　**病院は常に職員に対し「患者・家族には医療者に対する診療協力義務」があることを意識させること！**

（ペイハラ患者・家族との関係において職員を卑屈にさせない。病院職員の“精神的優位性”を保たせる）

そしてもう一つ、ペイハラ対応に関わる人たち（特に「病院幹部」）が知っておくべきことがあります。それは、「**ペイハラ対策には『正解』『正答』がない！**」という点です。もちろん、少なくとも、上記の点（❶～❹）を実践しないと、トラブルや紛争の解決のための「正解」「正答」には行き着かない可能性が高いのですが、❶～❹を実行してもそれでもなお「正解」「正答」には辿り着けないことがあるのです。つまり、ペイハラトラブルや医療事故紛争は、それぞれ一つずつその顔かたちが違うことから、臨機応変にその対処方法を工夫しながらその対策を講じていかざるを得ない、ということなのです。

第1章

医療事故紛争、〝その患者・家族との向き合い方〟（医療事故紛争の回避の仕方）

前にも述べましたが、医療事故紛争の多くは、医療者と患者・家族との間の「誤解や悪感情」という「患者・家族の心模様」によって生まれ、そして深刻化していきます。それは多くの場合に、医療事故（近親者の死など）という突然の事態による患者・家族の精神的なパニックとともに、“医療者の軽率で不用意な言動”がその悪感情を惹起させていることが少なくありません（そしてそれを医療者側が気付いていないことも多いのです）。

例えば、医療事故により近親者の死に遭遇した遺族の悲しみ・怒り・無力感といった「絶望の感情」は、医療者の“不十分なインフォームド・コンセント”や“軽率で不用意な言動(理由のない「ほったらかし」も含みます)”によって、大小の誤解を介しながら、不信感・怒り・憎しみという悪感情となり、またそれが増幅されて医療者に向かってくることになります。すなわち、医療事故紛争は患者・家族と医療者との間に信頼関係が欠落した又は著しく希薄化した「争い事」であり、“ボタンの掛け違い”、“互いの誤解や感情の行き違い”が大きく影響しているのです。

そして医療者は、これを避けるための“倫理的な知識と方法”を身に付けなければならないのです。「倫理」とは（本来的には）「仲間の間での決まりごと、守るべき秩序」という意味であって、いわば「社会常識」といってもいいはずです。例えば、医療者は、倫理的な初歩として、患者・家族の誤解を避けるために“事前の十分なインフォームド・コンセント”を実施しなければなりませんし、また、医療事故後においても“患者・家族に対する真摯な謝罪と説明”という常識的な対応をとらなければならないのです。

そこで、本章では、医療者が「ボタンの掛け違いを惹き起こさないようにするためには、その患者・家族にどう向き合ったらよいのか」ということを、倫理的な観点（社会常識的な観点）から一緒に考えてみたいと思います。

1

医療事故紛争を防ぐ インフォームド・コンセント

インフォームド・コンセントの本来の目的は、当該医療行為に対する患者・家族の合理的意思を形成させ、その合理的意思による“自己決定”という患者の権利の実現を補完することにありますが、その副次的な効果として“医療事故紛争を回避する”（紛争回避機能）、あるいは、“その深刻化を防ぐ”（紛争増幅阻止機能）という側面もあるのです。

(1) インフォームド・コンセントの欠如（説明不足）が惹起する医療事故紛争

インフォームド・コンセントは、患者の「自己決定」を補完する極めて重要な「患者の権利」ということになります。しかしそれは、ある意味「表」の顔であり、その「裏」には、表の顔と同等以上に重要な効果や目的があることを忘れないでください。インフォームド・コンセントは、“患者と医療者が協働してより良い医療をつくり上げるための手段”として機能しており、その目的のための“患者と医療者との間の信頼関係を構築する方法”でもあるということなのです。

①　インフォームド・コンセントによる“より良い人間関係”の形成

厚生労働省（旧厚生省の平成７年「インフォームド・コンセントの在り方検討会報告書」）と日本医師会（平成２年「生命倫理懇談会報告書」）は、「より良い医療を推進していくためには、医療者と患者との間で『協働を前提とした信頼関係』の構築が必要不可欠であり、その場合に、重要な役割を担うのが『医療におけるインフォームド・コンセント』である」としています。すなわち、「より良い医療を行うためのインフォームド・コンセント」の実践が「患者と医師などの人間関係」をより良い方向に導いてくれる（信頼関係を構築してくれる）というのです。つまり、インフォームド・コンセントは、“患者の「個人の尊厳に裏付けられた自己決定権」を実現するための重要な手段”であるとともに、その一方で、“より良い人間関係（信頼関係）を形成・醸成して「より良い医療の実現」を目指すもの”でもあるのです。

いずれにしても、インフォームド・コンセントは、“自己の権利のみを主張する患者”や、“自己防衛のために形式的に患者の同意を得ようとする医師”を想定したものではなく、「“懇切丁寧な説明を受けたいと望む患者”と“十分な説明を行うことが医療提供の重要な要素であるとの認識をもつ医療従事者”が協力し合える医療環境を築くことが目標なのである」（旧厚生省の平成７年「インフォームド・コンセントの在り方検討会報告書」）とされているのです。そしてそのことは、患者・家族と医療者との間に“協働を前提とした信頼関係”が構築されることを意味しています。

② 新たな人間関係の構築と“誤解に基づく医療紛争の予防”

以上のとおり、インフォームド・コンセントには、“医療の質を確保・向上させるために「患者・家族と医療者との信頼関係」を構築し、さらに、それを堅固にする効果と目的があること”を忘れてはならず、その上で、インフォームド・コンセントにおける「医師の説明」のもつ「紛争予防的機能」に目を向け、そしてそれが重視されなければなりません。

すなわち、診療の過程において、患者の死亡など悪しき結果が生じたときに、患者・家族が医療者に対し疑心暗鬼になり、医療事故を“医療過誤（医師に過失がある）”と疑い出すのは、それが「患者・家族の予測・予期に反する出来事だったから」であり、「医学的知見を有する医療者」と「医学的に素人である患者・家族」との間で、「当該医療のリスク等に関する認識（予測・予期）にズレが存在したからだ」といえます。

したがって、これら「医療者と患者・家族との認識（予測・予期）のズレ」を、インフォームド・コンセントにおける“事前の十分な説明”と“事故後の丁寧で十分に納得できる説明”によって埋めることができる程度の人間関係が構築されていれば、当該医療事故が医療紛争にまで発展したり、訴訟にまで至ることは当然に少なくなるはずです。

そして、比較的多くの医療紛争（医療訴訟）は、インフォームド・コンセントの医療現場での実践とその充実による人間関係の構築によって解消されることが多いはずです。誤解に基づく医療紛争ほどバカげたことはないのであり、患者・家族も医療者も無駄なエネルギーを浪費することになります。

③ “医療の不確実性（特に「危険性」）”とインフォームド・コンセント

「医療とは本来、不確実なものです。しかし、この点について、患者と医師には大きな認識のずれがあります。患者は、こう考えます。善い医師による正しい治療では有害なことは起こり得ず、もし起こったら、その医師は非難されるべき悪い医師である。医療過誤は、人員配置やシステムの問題ではなく、あくまで善悪の問題である。しかし、医師の考えは違います。医学には限界がある。医療行為は、生体に対する侵襲（身体へのダメージ）を伴うため、基本的に危険である。しかも、医療は、いつでもすべてに対応できるような体制をとれない」という高名な医師の指摘がありましたが、そのような患者・家族がいることも間違いないことだと思います。

しかしその一方で、医師は、患者・家族に対し、「医療とは本来“不確実なもの”」「医療とは本来“多くの危険が横たわっているもの”」ということを、そのインフォームド・コンセントの過程において積極的かつ具体的に説明してきたのだろうか……という点も考えさせられます。むしろ、この点については、医療者側にも省みるべき点があるのかもしれません。まずは医師には、医療行為をするに当たり、患者に「医療行為の不確実性（特に危険性）」を十分に自覚させるだけの質の高いインフォームド・コンセントの実践が求められるのです。インフォームド・コンセントの対象とされる「医療の危険性」は、まさに「医療の不確実性」の別の表現にすぎない場合が多いのです。

④ “医療者への不満や不信”が医療事故紛争を深刻化させ医療訴訟へと至ることが多い

患者・家族にとって、勝敗の見えにくい医療訴訟に踏み切ることは、経済的にも精神的にもかなり重たい選択であり、よほど背中を押す事情がなければ、患者・家族はそれを躊躇しがちです。しかし、その訴訟提起という決断を後押しする大きな要因の一つとして、「(医師・看護師などの）医療スタッフに対する、患者・家族又は遺族の“不満や怒り”」があります。そしてそれは、患者・家族と医療者との間に信頼関係を築けていないか、又は、それが崩壊していることを意味し、しかも、このような場合には、ほとんどの医師や看護師などの関係者がそのことに気が付いていないことが多いのです。

そもそも、医療者の説明義務を包含する広い概念である“インフォームド・コンセント”は、「患者も医療従事者もともに元気が出るような新しい関係を作る鎹（かすがい）として位置づけられた」はずです（旧厚生省の平成７年「インフォームド・コンセントの在り方検討会報告書」)。しかしそれにもかかわらず、医療者の患者・家族への「インフォームド・コンセントの不足又は欠如」が臨床現場において比較的多く見受けられ、そのことへの患者・家族の不平・不満が医療者の気付かないところで渦巻いていることがあるのです。そして、そこには患者・家族と医療者との信頼関係が存在しなくなり、それが「不満や苦情」を「医療訴訟」へと転化させることになります（つまり、そのことが、患者・家族の訴訟提起を後押しすることになります)。

医療訴訟は、訴えを提起する患者・家族側にとっても、訴えを起こされる医療者側にとっても、不必要な時間と労力と費用を要し、その金銭的負担や精神的負担は相当なものとなります。そのことを考えると、インフォームド・コンセントの実践は、“医療事故紛争を回避すること”を直接の目的とするものではありませんが、その間接的・副次的な効果は認めてもよいと思います。すなわち、「“より良い医療”を目的としたインフォームド・コンセントの実践により、患者・家族との信頼関係が形成・醸成され、万一医療事故が起きたとしても、結果的に不必要な医療事故紛争を避けることができる場合がある」ということなのです。

(2) “想定外の事態”をめぐる認識のズレが惹起する医療事故紛争（例えば「合併症」）

「合併症という医学用語」も患者・家族と医療者との間の紛争の契機となることがあり、実際にそのような事案を多く経験してきました。しかし、その紛争の多くは、医療者側が合併症についてのインフォームド・コンセントを十分に行っていなかった（説明が不足していた）ことにその原因があります。

① 医療事故の原因説明としての「合併症」と“患者・家族の誤解”

前にも述べましたが、医療事故紛争の多くは、医療者と患者・家族との間の「誤解や悪感情」という「患者・家族の心模様」によって生じます。そして、それは多くの場合に、患者・家族に襲い掛かる「医療事故という突然の事態による患者・家族の精神的パニック」を背景に、“医療者の軽率な言動”がその悪感情を惹起させ増幅させていきます。例えば、突然の医療事故により近親者の死に遭遇した遺族には“悲しみ・怒り・無力感といった（誰にもぶつけようもない）絶望の感情”が生まれますが、それは、医療者の“不十分なインフォームド・コンセント”や“不用意で軽率な言動”“理由のない放置”によって、大小の誤解を介しながら、“不信感・怒り・憎しみという悪感情”となって医療者に向かってくるのです。

このような状況において、医療者が、医療事故発生後に、患者・家族（又は遺族）に誠意をもって医療行為の経過や事故原因などの説明をしたつもりでいても、患者・家族（又は遺族）側からすれば、“医療者側の都合のよい弁解”としか聞こえない場合があります。そして、そのことが、長きにわたる“医療事故紛争の引き金”となることもあるのです。その最たるものが「“合併症”についての医療者側の説明」ということになります。“合併症”とか“偶発症”という言葉は、患者・家族（又は遺族）に誤解を与えることが多く、その後の紛争や訴訟につながりかねない重大な問題を惹き起こす可能性があるのです。

そもそも、医療者側の方でも「合併症＝不可抗力＝無責」と誤解していることが多いようです。つまり、医療者が通常使っている「合併症」については、一般的に、“医療者の認識”と“患者・家族の認識”が一致しておらず、“誤解の温床”にもなっていることが多いのです。

②　“合併症による死傷は不可抗力”というわけではない！

いわゆる「合併症」は、一般に、⑴「ある病気が原因となって起こる別の病気」（糖尿病の３大合併症である腎障害、網膜障害、神経障害など）、また、⑵「手術・検査などの後、それらが原因となって起こることのある病気又は障害」（腹部手術に合併するイレウスなどの器械的・外科的合併症）の２つの意味をもつ医学用語と説明されています（なお、偶発症は「手術や検査の際に偶然に起こった症候や事象で、因果関係がないか不明なもの」とされていますが、合併症と混同して使われていることがあります）。

しかし、この意味での合併症が発症した場合であっても「不可抗力＝医師の責任は問われない」というわけではありません（いまでも医療者の中には「不可抗力＝医師無責」という認識を持っている方も多いような気がします）。

合併症を発症させないようにするための何らかの治療的な手立て（対処法）があり、それが医療水準となっているのであれば、合理的な理由もなく何の手立て（対処）もとらなかった場合には、そのことについて、当該医師が責任を問われることはあり得ます。

また、器械的・外科的合併症についても、「合併症の発症及びその対処については医師には責任がない」と信じて疑わない医療者もいますが、その考え方は正確ではありません。むしろ、「医師が責任を問われる可能性がある」という意味では、「誤解」と考えておいた方が無難です。

実際に、器械的・外科的合併症については、「合併症」と称しながらも、医師に過失を認めた裁判例（福岡地裁小倉支部平成14年７月９日判決【注１】、岡山地裁倉敷支部平成17年５月13日判決【注２】など）があるのです。もっとも、これと逆の裁判例もあり（富山地裁高岡支部平成12年２月29日判決、松江地裁平成14年９月４日判決など）、実際に上記岡山地裁倉敷支部判決も控訴審（広島高裁岡山支部平成19年５月25日判決）では逆の結論になっています。しかし、裁判になった場合には、「“合併症だから責任は問われない”というわけではない」ということだけは間違いありませんし、そのことは頭に入れておく必要があります。

いずれにしても、これらの裁判例を見る限り、合併症についての過失の有無の判断要素としては、○合併症の発生確率、○合併症のリスクがある検査・治療方法が一般的に是認されている方法に違反していないか（ガイドラインに沿ったものとなっているか等）、○合併症のリスクがある検査・治療法を採用する合理的な理由があるか（検査等の必要性と危険性の考量）、○合併症の発生を回避するための適切な措置が行われていたか（検査・施術前の問診、検査・施術中の確認、検査・施術後の経過観察など）、○施術者が当該施術方法についての十分な経験を有していたか等の事情が考慮されています。

【注１】　福岡地裁小倉支部平成14年７月９日判決では、臨床検査技師が手関節部分からの採血注射を行った際に神経損傷を生じさせた事案において、手関節橈骨側での採血の際には、正しく注射針を刺入しても予測しえない橈骨神経浅枝損傷を生じさせる可能性が存在すると認定した上で、手関節橈骨側での採血は、肘窩部での採血が困難な場合の第２選択であり、臨床検査技師には肘部での採血に努める注意義務や原告が痛みを訴えた際に採血を中止すべき注意義務があったとして、過失を認めています。

【注２】　岡山地裁倉敷支部平成17年５月13日判決では、「本件において、本件患者が治療途中において死亡に至った主たる原因は、鎖骨下静脈穿刺による肺損傷が引き金となって生じた肺出血によるものと認められるところ、穿刺を施行する医師としては、穿刺部付近の解剖学的位置を考慮し、粗暴かつ無理な操作を行わないようすべき注意義務があ

る以上、穿刺の結果、肺に損傷を生じたのであれば、特段の反証がない限り、担当した医師には静脈穿刺において手技を誤り、その点に過失があったと推認するのが相当である」「被告は、気胸や血胸などは、鎖骨下静脈穿刺に伴う合併症であるから、手技の誤りは問題とならないように主張する…しかしながら、合併症と表現されるとはいえ、鎖骨下静脈穿刺に伴う肺損傷は、人為的な操作の結果生じるものであり、上記の統計的な観点からいえば、ほとんどの場合、肺に何ら損傷を及ぼすことなく施行されているのであるから、統計的にある一定の割合で出現することが避けられないことをもって、ただちに肺損傷を生じさせたことを不可抗力であるかのようにいう被告の主張はおよそ採用できるものではない。…少なくとも、穿刺を担当した医師が、鎖骨下静脈穿刺の施行において、何ら過失がなかったというのであれば、被告としては、どのような態様で穿刺したかを明らかにし、当該状況下では、肺損傷が生じてもやむを得なかったことを具体的に主張立証すべきであるが、被告は、担当した医師が未熟な医師ではないという抽象的な反論をするにとどまっており、これでは鎖骨下静脈穿刺により肺に損傷を及ぼしたことが避けられなかった、すなわち肺を損傷した結果は不可抗力であるとは到底いえない」と判示しているのです。

③　事前のインフォームド・コンセントで合併症への誤解を予防

以上のような不可避的な合併症が生じる検査・手術については、医療者としては、そのリスクを患者・家族に十分に説明をして同意を取り付け、仮に合併症が発症した場合には、患者・家族（又は遺族）に対して真摯にそれを説明し原因究明に努めるしかありませんし、そのことによって紛争が回避されることもあります。

逆に言えば、「合併症」「併発症」「偶発症」などという言葉や用語は、医療事故直後に初めて聞かされる患者・家族（又は遺族）には重大な誤解を与える可能性があるのです。誤解を与えるというより、患者・家族（又は遺族）には、むしろ医療者の「都合のよい無責任な弁解」「責任逃れの言葉（説明）」に聞こえるのです。そしてそれは、医療者の「手術や検査前の説明」（いわゆる「インフォームド・コンセント」）が不十分であったことが、その大きな原因になっています。

「最善を尽くしたのですが、合併症によりお亡くなりになりました」等という「突然の説明」がなされても、事前に合併症発症の可能性を説明されていなかった患者・家族（又は遺族）が、それをそのまま鵜呑みにできるはずもなく、信じられるはずもないのです。患者・家族又は遺族は、事故発生直後に合併症の説明を初めて受けても、その説明を受ければ受けるほど、医療者に対し疑心暗鬼の念が強くなり（当然、それによって信頼関係も壊されていき）、医療者を疑う気持ちがますます強くなっていきます（患者・家族又は遺族は思うはずです。「ではなぜ、そのことを事前に説明してくれなかったのですか！」と…）。これを避けるためには、「手術や検査前の十分なインフォームド・コンセントの実践」しかその方法がないといえます。

適切で十分なインフォームド・コンセントを事前に実施し、「手術や検査中に又はその後に『合併症』が起こる危険性があること」「その発生の確率」「それが発症した場合の対処法及びその奏功の確率」等を、患者・家族が十分に理解し、それを納得して当該施術に同意したのであれば、悲運にも重症合併症が惹起されて悪しき結果が発症したとしても、また、患者・家族又は遺族が事故直後の精神的な混乱の中にあっても、それなりにその事態を受け止めてそれを受け入れ、徐々にではあっても冷静になってくれるはずなのです。そこでは、患者・家族又は遺族と医療者との間の信頼関係によって医療紛争の芽が刈り取られているともいえます。

(3) 説明不足とならないための看護師の役割（看護師に求められるインフォームド・コンセント）

看護師には患者・家族に寄り添って信頼関係を構築することが求められています。それは“より良い医療を提供する”という医療の目的からすれば、医師の立場と同じではありますが、自ずと質的には違いがあるといえます。患者・家族は自らの診療のために医師と対峙応対するという側面がありますが、看護師はそのような患者・家族をその脇から支えることが求められているのです。

① 患者との信頼関係と“看護師の倫理”

日本看護協会の「看護職の倫理綱領」（令和３年改訂）によれば、その前文で「人々は、人間としての尊厳を保持し、健康で幸福であることを願っている。看護は、このような人間の普遍的なニーズに応え、人々の生涯にわたり健康な生活の実現に貢献することを使命としている」とされています。また、その本文の１では「看護職は、人間の生命、人間としての尊厳及び権利を尊重する」と定められ、３では「看護職は、対象となる人々との間に信頼関係を築き、その信頼関係に基づいて看護を提供する」とされ、さらに、４では「看護職は、人々の権利を尊重し、人々が自らの意向や価値観にそった選択ができるよう支援する」とされているのです。つまり、これらはいずれも、看護師に対し、“患者・家族との間の信頼関係の構築”を求めており、さらには、その患者・家族との信頼関係をつくり上げるための“看護師としてのインフォームド・コンセントの実践”を求めているということができます（もちろん、看護師のインフォームド・コンセントは、医師のインフォームド・コンセントとの協働作業・チーム作業であることは忘れてはなりません）。

②　看護師に特有のインフォームド・コンセントがある！

“医師のインフォームド・コンセント”の具体的な内容と、“看護師にとってのインフォームド・コンセント”の捉え方・考え方では、明らかに違った側面が見られます。

この点について、厚生労働省の「新たな看護のあり方に関する検討会」の報告書（平成15年３月24日付）は、「これからの医療においては、インフォームド・コンセントを前提に、看護師等は、患者・家族と十分にコミュニケーションを行い、看護ケアの内容、検査等についてわかりやすく丁寧に説明するとともに、患者・家族が自らの意向を伝えることができるよう支援したり、時には代わって（患者・家族の意思を医師に）伝える役割を担うなど、患者・家族が医療を理解し、より良い選択ができるよう支援することが必要である。更に、こうした患者・家族との十分なコミュニケーションとそれに基づく信頼関係のもと、専門的な看護を提供するとともに、家族でなければ担えない患者に対する精神的な支援機能や患者の自己回復力を最大限引き出し、生かせるような看護師等の関わり方が、これからの看護のあり方として必要である」（下線と（　）部分は筆者）と述べています。すなわち、看護師の患者・家族に対するインフォームド・コンセントは、けっして“医師側だけに立った一方的なもの”ではなく、医師の説明による「患者・家族側の理解・納得・選択・同意」というインフォームド・コンセントの“患者側の主観的過程”において、それをサポート（支援）し、時には、“医師に対峙応対する形での患者・家族側に立つこと”さえをも求められているといえます。

③　医師を支える“看護師のインフォームド・コンセント”
－その裁判例－

いずれにしても、看護師には、そのチーム医療において、“医師の”本来あるべきインフォームド・コンセントを支え補完する役割が求められています。以上のような意味での看護師特有のインフォームド・コンセントについて非常に参考になる裁判例（大阪地裁平成19年９月19日判決）があります。その事例では、医師が末梢血幹細胞移植のドナーになる者に対して、同細胞の採取等に関するガイドラインの内容に沿った説明等をしなかった説明義務違反がある等と主張され訴訟提起された事案であり、判決では、「Ｘらは、他に末梢血幹細胞移植についての説明が不十分であったことなどの説明義務違反、ガイドライン遵守義務違反を主張するが、…Ｙ１病院の看護師らは、Ａ子やＸらの質問に対して適切な回答をしてＡ子の不安感を取り除く努力をしていることが認められるところであって、Ｙ２医師の行った医療行為には本件ガイドラインの内容と齟齬する部分もあるが、Ｙ２医師の過失ないし注意義務違反と評価できるほどのものは認められない」と判示しているのです。

すなわち、ここでのＹ１病院の看護師らの対応について、本判決は、「Ａ子（ドナー）は、入院後、幹細胞採取という手法を理解しておらず、未知の経験であることや、同手法による有害事象や、副作用の有無、入院直前に風邪気味等の体調不良があったため、末梢血幹細胞採取等に影響しないか、退院後のケアはどうなっているのか等といった不安を持っており、Ｙ１病院の看護師らに対しても不安を口にしていた。これに対して、Ｙ１病院の看護師は、同月８日、現在のＡ子の状況と白血病の違いについて説明するとともに、アンフェレーシス中は医師と看護師が同席する旨の説明をした」、「また、Ｘは、９月11日も、看護師に対して、同種末梢血幹細胞移植に対する不安、投薬の目的、退院後のケアに対する不安等を口にしていたが、Ｙ２医師と話す時間を作ることまでは希望しなかった。そこで、Ｙ１病院の看護師は、Ａ子が体調不良となった場合、近くの総合病院を受診し、Ｙ１病院で同種末梢血幹細胞移植をしたことを告げて欲しい旨伝えた（なお、Ｙ２医師は、…血液検査の目的や必要性については説明しなかった）」、「Ａ子は、９月12日、Ｙ１病院を退院した。Ｙ１病院の看護師は、Ａ子に対し、体に異常を感じたときは早期に受診をし、その際、Ｙ１病院にて同種末梢血幹細胞移植をしたことを告げるよう説明した（退院時、Ｙ２医師は、Ｘから、どのようなことを注意したらよいか尋ねられたため、特に注意することはなく、これまでどおりの生活をすればよいと説明した。Ａ子は、退院後、Ｙ１病院での検査等を受けていない）」等と事実認定しています。

そしてこれを見れば、医師のインフォームド・コンセントの不十分さが垣間見え、看護師の患者・家族とのコミュニケーションやインフォームド・コンセントが医師のインフォームド・コンセントを補完し補っていることが理解できます（本判決では、裁判所はそのことを十分に認識しているようであり、看護師の適切なインフォームド・コンセントがなかったならば医師の説明義務違反が認められたかのように判示しています)。

⑷ まとめ（医療事故紛争を回避するためのインフォームド・コンセント）

① 医師の事前のインフォームド・コンセントの実践

医師によるインフォームド・コンセントを、裁判例などを参考に強いて日本語訳すると、「医師の適切かつ十分でわかりやすく丁寧な説明と、それによる患者・家族の理解・納得・選択を経た上での同意」ということになりそうです（インフォームド・コンセントについての厚労省・日本医師会の見解や裁判例を整理すると、このような解釈にならざるを得ないようです)。

そして、それ（インフォームド・コンセント）が医療者（医師）において十分に実践されているのであれば、前述のとおり、❶患者・家族と医師との間に十分なコミュニケーション関係が成り立ち、❷患者・家族と医師との間に信頼関係が醸成され、❸患者・家族と医師との間により良い医療契約関係が形成されているはずです。また、❹患者・家族と医師との間には医学的知識の格差があり、医療行為についても認識に齟齬が存在するのが普通ではあるものの、その知識の格差や認識の齟齬は、その必要な限度で概ね埋められているはずです（特に、医療行為の不確実性〔特に「危険性」〕についての医学的知識の格差は大きく、医師は、その知識や認識に大きな齟齬が存在するという前提で、患者・家族にインフォームド・コンセント行っているはずです)。

医療事故での最悪の結果（近親者の死亡などの事態）は、その直後において、患者・家族を「悲しみ・怒り・無力感・絶望」などによって感情的にしますが、その後速やかに冷静さを取り戻せるかどうかは、「その悪い結果が、そもそも想定されていたのか（予期性があったか）」、それとも「想定されていなかったものか」によって大きな状況の相違が生じます。その悪い結果が「想定外の結果」だ（上記❹が欠けていた）とすると、そこでは患者・家族に「感情的な混乱」を生じさせ、そしてそれは、「なぜ、このような結果になったのか！」という医療者（医師・看護師等）への不信感が生まれてしまい、そこから医療者への「怒り、憎しみ等という感情」となって向かってくることになるのです。

このような患者・家族の「誤解や想定外の事態」を回避するためには、医師の事前のインフォームド・コンセント（それによる❶❷❸❹の形成）が欠かせず、患者・家族に「診療の結果についての感情的な混乱」を惹き起こさせないようにしなければなりません。そしてそのためには、医師の適切かつ十分でわかりやすく丁寧な事前の説明が不可欠であり、その説明による「患者・家族の理解・納得・選択を経た上での（事前の）同意」があれば、仮に悪い結果が生じたとしても「感情的な混乱」にまでは至らず、「冷静さ」を取り戻すことが比較的容易にできるはずなのです。

要するに、「医師の説明不足」（それによる❶❷❸❹の欠如）により惹き起こされる患者・家族の「誤解」や「想定外の事態」が、「“不信感・怒り・憎悪等という感情を背景とした医療紛争”を引き起こし、又は、紛争を増幅させる」ということになります。したがって、いかにして“患者・家族に「誤解や想定外の事態」を惹起させないようにするのか”という点が重要であり、“そのためにこそ医師による事前のインフォームド・コンセントがある”という観点を、医療者は忘れてはならないのです。

②　看護師特有のインフォームド・コンセントの実践

看護職の倫理綱領（日本看護協会：令和３年改訂）では、❶看護師に「患者・家族との信頼関係の構築」を求め、患者・家族の立場に立ったインフォームド・コンセントを求めています。また、❷その前提として、看護師に「質の高いコミュニケーション能力」も求めています（患者・家族とのコミュニケーション関係の深化）。

以上❶❷のとおり、看護師のインフォームド・コンセントは、いわゆる「患者・家族との間のコミュニケーション関係」を前提とするものであり、そのコミュニケーションによって信頼関係の構築とその濃密化を目指すものとされています（ただし、コミュニケーション能力といっても、そんなに難しく考える必要はないように思えます。その当初においては「雑談」ができる程度でも構いませんし、むしろ、そのことが信頼関係構築の手始めとして非常に重要なことなのかもしれません。雑談が可能であり、ちょっとした冗談が言い合えるのであれば、ある意味最低限のコミュニケーション能力があるといえそうですし、その後の重要な信頼関係の「芽生え」が見てとれます。医療現場ではまずはそこから実践することが重要です）。

また、看護師のインフォームド・コンセントは、“医師のインフォームド・コンセントの足らざるところを補うもの”とも位置付けることができます。医師のインフォームド・コンセントを補って、患者・家族に寄り添うことにより、患者・家族の「誤解」や「知識・認識の齟齬」（結果としての「想定外の事態」）を少なくし、患者・家族の「診療結果についての感情的な混乱」を惹き起こさせないようにする、という看護師のインフォームド・コンセントの役割が重要になっているのです。

このように、看護師特有のインフォームド・コンセントは「チーム医療としてのインフォームド・コンセント」と位置付けられており、また、医師の働き方改革の趣旨にも適うものとされています（看護師の働き方改革も考えなければなりませんが…）。

2

医療事故紛争を防ぐ“診療記録への十分かつ正確な記載”

裁判所は、診療記録について、原則として、❶「記載してあることは有ったこと」、❷「記載してないことは無かったこと」として取り扱っています（表立って明確には言わないにしても、多くの裁判官は間違いなくそのように考えていますから、医療者はそのことを前提として診療記録への記載の意味を考えておくべきです）。

また、これを患者・家族の立場の認識論からすれば、❸「診療記録に記載されていない事実については多くの患者・家族が信じない」、しかし、❹「診療記録に記載されている事実については患者・家族がその事実を思い出してくれる」、あるいは、❺「仮にそれを思い出さなくても、診療記録に記載されている事実についてはその多くの患者・家族が『そうだったのか』、『そうかもしれない』等と信じてくれる（多くの人が、記載されている事実が真実であると推測する）」ということになります。

つまり、このことを違った角度から見れば、医療者が、診療記録（カルテ・看護記録等）に、「インフォームド・コンセント（説明）の有無・内容」「問診の有無・内容」「医療行為の有無・内容」等についての記載を怠らなければ、医療事故紛争・ペイハラトラブルなどの医療関係紛争の発生や増幅は回避されることも多いといえそうです（特に、医療者側に何らの落ち度もない不要な医療関係紛争が回避できるということになるのではないでしょうか）。仮に万一医療訴訟になったとしても、真実の立証が非常に楽になることは間違いありません。

どうしてそうなるのか、その背景的理由を以下のとおり説明いたします。

(1) 診療記録による真実性の担保－その裁判例－

診療記録とは、「診療録（いわゆる「カルテ」。以下同じ）、処方せん、手術記録、看護記録、検査所見記録、エックス線写真、紹介状、退院した患者に係る入院期間中の診療経過の要約その他の診療の過程で患者の身体状況、病状、治療等について作成、記録又は保存された書類、画像等の記録」を意味しますが、医師法24条【注３】や「診療情報の提供等に関する指針」（平成15年９月12日付厚労省医政局長通達、資料１ 184頁参照。以下「診療情報の提供等に関する指針」といいます）を根拠として、「診療記録」は訴訟上においても極めて重要な証拠として取り扱われ、その記載内容が裁判の結果を左右します。

医師には、医師法24条によって、“診療録”の作成・保管義務が課されています。また、看護記録等の診療録以外の“診療記録”に不備がないか点検すべき義務もあります（甲府地裁平成16年１月20日判決）。診療録の記載は、医師が患者の症状を“どのように把握し、診療計画を立て、治療をしたか”を如実に表している（東京地裁平成15年３月12日判決）ともされています。診療録の記載内容は、それが後日改変されたと認められる特段の事情がない限り、医師にとっての“診療上の必要性”

と“医師法24条の法的義務”との両面によって、その真実性が担保されている（東京高裁昭和56年９月24日判決）とされています。

上記のとおり、「診療録の記載内容は、それが後日改変されたと認められる特段の事情がない限り、その真実性が担保されている」（上記東京高裁判決）ことから、“診療録を含む診療記録”には、原則として“高い証明力”が認められるのであり、原告（患者）にせよ、被告（医師など医療側）にせよ、「診療記録の記載と異なる診療経過を主張して争うことにはかなりの困難を伴う」ことになります。

【注３】 医師法24条：①医師は、診療をしたときは、遅滞なく診療に関する事項を診療録に記載しなければならない。②前項の診療録であって、病院又は診療所に勤務する医師のした診療に関するものは、その病院又は診療所の管理者において、その他の診療に関するものは、その医師において、５年間これを保持しなければならない。

⑵ 診療記録への記載・不記載－その裁判例－

以上のとおり、診療記録は真実性が担保されていることから、患者側（原告）の主張が診療記録（カルテ等）の記載内容に合致しないと「医療側の主張が真実に合致する」と判断されることが多くなります。しかし、逆にいうと、医療側が診療記録の記載と異なる診療経過を主張しても、特別の事情がない限り、そう簡単には認められないということになります。

そして、以下の「❶－１」～「❸－２」などの多くの裁判例を見る限り、医療訴訟における「診療記録の記載事項（事実）」についての「裁判所の原則的な取扱い」は、（極端な言い方になりますが）「診療記録に記載していることは、“有ったこと”！」であり、「診療記録に記載していないことは、“無かったこと”！」ということになります。

① 診療記録に“記載してある”ことは「有ったこと」！

❶－１　カルテ等診療記録に記載のある診療行為やその説明（詳細な説明の記載）については、その記載のとおり事実として信用できる（東京地裁平成15年６月27日判決）。

❶－２　診療録の診察記録欄に「入院精査を！（拒否）（多忙）」という記載があれば、「入院を勧めたが、多忙を理由に拒否された」との事実を認めるのが相当である（東京地裁平成18年10月18日判決）。

❶－３　診療録に“薬剤の作用機序を説明する「図」”が記載されている場合には、その薬剤の作用機序を説明したと「推認」できる（大阪地裁平成23年１月31日判決）。

（❶－３）「自らの代理人弁護士の尋問に誘導されない」「不利な事実でも正直に認める」など、医師の証言態度が自らの体験に基づき正直に供述しようという態度が見て取れるときには、その供述は信用できる（大阪地裁平成23年１月31日判決）。

② 診療記録に“記載してない”ことは「無かったこと」！

❷－１　裁判所に提出した陳述書で当該医師が「数年間に８回も精密検査を指示した」と供述しているとしても、診療録に「精密検査の指示」が一度も記載されていない場合には、むしろそれは「（精密検査の）指示の不存在を推測」させる。「８回も精密検査を指示したら、せめて数回はカルテに記載

しているのではないか」と推測される（東京高裁平成10年９月30日判決）。

❷－２　診療録上には「明日分娩誘発がよいか？」と記載してあるのみで、「分娩誘発の適応、要約、副作用の内容、説明に対する妊婦の反応等」の記載が認められない場合には、「分娩誘発の説明をした」とは認められない（福岡地裁平成11年７月29日判決）。

（❷－２）「分娩誘発の説明をしたかどうか」の判断要素の一つに、「説明に対する妊婦（患者）の反応」が“診療録に記載されていたかどうか”という点がある（福岡地裁平成11年７月29日判決）。

❷－３　診療録に抗がん剤の副作用を説明した旨の記載がないときには、診療録には説明した内容のすべてを記載するわけではないことを考慮しても、その説明をしたという医師の供述は信用できない（横浜地裁平成12年４月26日判決）。

❷－４　手術の内容等について明確かつ具体的な説明をうかがわせる（診療録上の）記載がないこと等に照らせば、「手術の合併症（筋力低下等）について具体的かつ明確な説明をしなかった」ものと認めるのが相当（東京地裁平成13年12月17日判決）。

❷－５　病院のすべての診療録（耳鼻咽喉科、放射線科等）に「問診を実施した」という記載がない以上、問診を実施しなかったものと認める（東京地裁平成15年４月25日判決）。

❷－６　診療録に「出血」の記載がないことは、「出血がなかった」ことを示すものである（大阪高裁平成17年９月13日判決）。

❷－７　手術の合併症等の説明内容が詳細に診療録に記載して

いることからすれば、「当該手術による死亡や後遺症のリスクについて具体的に数値を挙げて説明した」というのであれば、そのことを記載しないということは考え難い（福岡地裁平成19年８月21日判決）。

❷－８　X（患者の妻）が一時的意識喪失をY医師に伝えていないということは考えにくいが、診療録に失神や意識障害に関する記載がないことは、医師との意思疎通が十分に図られていなかったものと考えられる（札幌地裁平成26年９月17日判決）。

③　看護記録も診療記録の一つとして同様の取扱い

裁判では、診療記録の中の“診療録（カルテ）”と“看護記録”について異なった取扱いをすることはありません。看護記録も診療記録の一つであり、その記載内容については、原則として真実性が担保されており、裁判では、看護記録に記載があるとそのとおりの内容で事実が認定されやすく（❸－１　東京地裁平成19年３月16日判決）、また逆に、その内容の記載がないとそう簡単には認定されないこととならざるを得ません（❸－２　大阪地裁平成19年３月９日判決）。

3

医療事故発生“直後”における患者・家族との向き合い方（ボタンの掛け違いをなくすために）

医療事故発生“直後”に重要なことは、「医療事故発生直後に、患者やその家族に対して、どのように接し、どのように対応するのか（どのように向き合うのか）」という点にあります。この点について、近時では、「事故の発生したことを患者の家族にも正直に告げ、可能な限り状況を説明する（ただし、拙速な説明は避ける）。対応に誠意が感じられないことによって紛争が深刻化し訴訟に至る事案も多く見られ、さらに関係が拗（こじ）れてしまうと刑事告訴・警察への被害届出などにまで至ることもある（医療事故の刑事事件化）。反対に患者にとって最悪の結果になったとしても十分説明し心から謝罪したことで家族の納得が得られ、大事に発展しないで済む場合もある」という考え方で対応することが一般的となっているようです（「事実を隠すかのような隠ぺい体質的な対応は紛争を混乱させ深刻化させるだけ」という意識が強くなっているのです）。

結論的にいえば、医療事故発生直後の医療者側の対応としては、直ちに“「謝罪」をする”とともに、原因等（因果関係・責任の有無など）の拙速な説明は極力差し控えて、“原因等の究明を約束する”という態度が重要といえます。もちろん、原因究明（調査と検討）などの必要性がないくらいに医療行為のミス（過失）が明らかなときは、医療機関の即決の判断で、直ちに責任を認めて謝罪する必要があり、その場合にはむしろ、民事上の賠償責任の履行手続（損害賠償保険の手続など）を速やかに進める旨を約束する必要があります【注4】。とにかく、この段階での患者・家族の激しい感情は、医療者に対する刑事告訴・警察への被害届出（刑事事件化）に傾く傾向がありますので、医療者側の誠意ある対応が必要不可欠といえます。

いずれにしても、医療紛争に限らず、争い事一般は「悪感情より出でる！」であり、患者・家族の感情を考慮することなしに、そのトラブルへの対応策は考えられません。

【注4】ただし、医療事故による患者・家族の損害を医師賠償保険又は医療法人賠償保険でまかなう以上、損害保険会社の了解なく勝手に法的責任を認めてしまうと、保険約款に違反したということで保険金が支払われない可能性があります。したがって、損害保険会社との連絡を欠かさずに意思の疎通を図っておいてください。また、相手方患者・家族に対しては、仮に自ら責任があると思っていても、それを個人的な意見として止めておき、「最終的には、医師会や損害保険会社の審査によって有責・無責が決められる」旨を説明し、有責・無責の判断の最終回答を待ってもらってください。

(1)　医療事故発生直後における“患者・家族への謝罪の在り方”（真摯な謝罪）

医療事故発生直後の患者・家族又は遺族への謝罪は極めて重要です。かつては「原因や責任も判らないうちに謝罪などあり得ない」などという考え方もありましたが（いまでも、こういう考え方の医療者がおられるようです）、今ではそれは通用しないと考えておいた方がよいと思います。人間の感情はそんな理屈が通用するものではなく、当該病院の医療行為によって患者に死傷という結果が生じている以上、原因が正確に究明できていなくとも、また、責任が医療者側にあるか否かにかかわらず、まずは「謝罪すること」をお勧めします。

その理由は以下のとおりです。

① “共感表明としての謝罪”と“責任承認としての謝罪”を区別することが重要

事故後の「謝罪」の種類には、「責任承認」という意味での謝罪と、「共感表明」という意味での謝罪の２つがあります。「責任承認」としての謝罪は、「自己の責任を認める意味での謝罪」であり、一方、「共感表明」としての謝罪は、「不利益を被った人（患者・家族）への自然な共感的感情からくる“すまなさ”の感覚（例えば、「うちの病院の医療行為によって、こうなってしまい“申し訳ない”」等という気持ち）を表明するもので、過失や責任と直接結び付くような意味合いは持たない」と説明されています。例えば、「最善は尽くしたのですが、結果的に、このようなことになり申し訳ありません」などという表現がこれに当たります。

少なくとも「共感表明」については、過失や責任と直接結び付くようなものではなく、むしろ医療事故に直面した人間の自然な言動として捉えられるものでありますから、これを躊躇する必要はありません。そして、「共感表明」としての謝罪をする場合には、そのことでは何も解決しているわけではありませんから、併せて「事実の解明やその報告」を約束し、そのことによって「再発防止」を約束することが肝要となります。

「責任承認としての謝罪」は、他の証拠と相まって過失判断の一資料（証拠）とされる可能性があります。原因が究明され過失の存在が明らかとなった場合には、これ（責任承認としての謝罪）を行うことを検討する必要があり、適宜適切な「責任承認としての謝罪」をためらうべきではありません（もちろん、損害保険会社との連絡は密にして互いの認識に齟齬が出ないようにしなければなりません）。

この段階での謝罪を拒否すると患者・家族の感情に不必要に火を付けること（医療者への不信感を増幅してしまうこと）にもなり、その後の紛争が激化しやすくなります。ためらいによって適宜適切な謝罪の時期を逸失することは、取り返しのつかないボタンの掛け違いになることもあるのです。

いずれにしても、真摯な謝罪をすることは、医療事故で崩れかけた患者と医療者との信頼関係を取り戻す第一歩ということになることを忘れないようにすべきです。

② 原因等が明白でない段階での“共感表明としての謝罪”が特に重要

医療事故直後の患者・家族には、「悲しみ・怒り・無力感・絶望感」などの感情が渦巻いています。その患者・家族の感情を不用意かつ不必要にかき乱すことが、「ボタンの掛け違い」を惹き起こす原因になります。“仮に医療者側に過誤等のミスがなかったとしても、あるいは、いまだ原因等が十分に判明していなかったとしても”、「共感表明としての謝罪」（「最善を尽くしたのですが、結果的に、このようなことになって申し訳ありませんでした」という謝罪）を怠ったり、躊躇したりすると、患者・家族の絶望の底にある感情を不用意にかき乱すことにもなりかねません。もっとも、“謝罪態度が卑屈過ぎる”と責任承認としての謝罪と勘違いされ、当該医療行為に何らかの問題（ミス等）があるのではないかと、そのことによって疑われることもあるので注意を要します。

要するに、共感表明の謝罪もないままの状況や、不自然なほどに卑屈な謝罪を繰り返すと、医療者側の何らかのミスが疑われるようになり、その感情の矛先（近親者を亡くしたという「悲しみ・怒り・無力感・絶望」）が医療者側に向かうようになるのです。そして、医療者に対して、患者・家族の「不信感・怒り・憎しみ」という感情が押し寄せてくることになるのです。

そして、“仮に医療者側に過誤等のミスがなかったとしても、あるいは、いまだ原因等が十分に判明していなかったとしても”、患者・家族側は、いつでも自由に刑事告訴又は警察への被害届出ができるのです。結果的に刑事裁判にはならないとしても（不起訴になるにしても）、この段階で警察が動き出すことは非常に面倒なことになり、医療事故の直接の原因をつくってしまった又は関与した医師・看護師などに取り返しのつかない精神的打撃を与えることになります（重大な医療事故直後には、それに関わった医師や看護師が抑うつ状態になったり、職場に出て来られなくなることも多く見られます）。

とにかく、この段階においては、患者・家族の感情を慮り、極力ボタンの掛け違いを惹き起こさないようにしなければなりません。

⑵　医療事故発生直後における説明責任

医療事故発生直後には、患者・家族又は遺族に謝罪するとともに、それまでに判明した事実で、かつ、後日撤回がなされることがない程度に“確実な診療経過”を説明しなければなりません（「診療情報の提供等に関する指針」資料１ 参照）。それがなされないと、患者・家族又は遺族からの納得を得られず、それどころか、患者・家族又は遺族を精神的に不安に陥れることになり、医療者又は医療機関への不信感が増幅されます。

① 患者・家族に対する“診療経過・死因等の説明義務”がある

医療事故が発生した時の“患者・家族に対する医療者の説明義務”については、多くの裁判例がこれを認めています（東京地裁平成９年２月25日判決、東京高裁平成10年２月25日判決など）。

しかし、医師には、事故発生直後の説明義務が課されてはいるものの、その原因などの説明内容の「正確性」については過度の要求が求められているわけではありません。拙速にあやふやな認識と知識に基づいて、“誤った説明”をすることだけは避けるよう戒めている裁判例もあります（広島地裁平成４年12月21日判決）。この裁判では、拙速に間違った原因説明をしたことによって、その後その紛争が長引いて訴訟にまで至り、そのことによって患者・家族に多大な精神的損害を与えたとして慰謝料請求が認められています。

すなわち、医療事故直後のいまだ原因究明がなされていない（又は十分ではない）状況においては、医療者は患者・家族に対し、謝罪（共感表明）をし、それとともに「原因究明とその結果の報告を約束する」という姿勢に終始すべきなのです。

②　遺族に対する“死因解明のための解剖等の提案”をすべきとの裁判例もある

また、裁判例には、医療者において、「(遺族に対し) 病理解剖の提案をし、その実施を求めるかどうかを検討する機会を与え」、「その求めがあった場合には、病理解剖を適宜の方法により実施」し、「その結果に基づいて、患者の死因を遺族に説明すべき信義則上の義務を負う場合がある」と判示するものもあります（東京地裁平成９年２月25日判決、東京高裁平成10年２月25日判決）。

ところで、医療者側が解剖を勧めていない場合には、後日、「事件を隠蔽するために解剖をしなかったのではないか」「原因を隠すために解剖を勧めなかったのではないか」などと、遺族側が疑心暗鬼となり、医療者に対して不信感を抱くことも多いようです。また、後日訴訟に至った場合には、病理解剖を医療側から提案していないということで、原因究明に後ろ向きだったといわれかねませんから（訴訟上裁判官に不利な心証を与えることにもなりかねませんから）、後々の不必要な紛争（訴訟）を回避するためにも、その必要に応じて、遺族に対し解剖を勧めることを怠ってはならないということになります。

しかし、遺族がこれ（解剖）を拒否した場合には、そのことを診療記録上で明らかにしておくことも重要になります（これは医療者が自らの身を守る、という意味だけではなく、近親者の不幸という混乱の中で医療者から病理解剖等の提案があったこと自体を失念してしまいかねない遺族にとって、そのような診療記録の記載〔解剖の提案の記載〕があることは、その後の記憶喚起につながり、不必要な紛争を惹起させない、という意味もあるのです）。

③　まとめ

以上のとおり、病院（医療者）は、医療事故直後において、❶共感表明としての謝罪をするとともに、❷事故の原因説明をしなければなりません。しかし、その原因が十分に解明できていない場合には、❸拙速な原因説明は避けて、事故原因の究明（調査とその検討）を約束し（可能であればその期間を明示し）、❹その上での再発防止を約束することが肝要なのです。なお、死亡事故の場合には、❺原因究明のために解剖又は死亡時画像診断（Ａｉ）を遺族に勧める必要もあります。医療法上の医療事故調査制度の関係では遺族に解剖やＡｉを勧めなければなりませんが、それだけではなく「紛争の回避」という観点からもそれを勧めておく（実際に解剖やＡｉを実施しておく）必要性が高い場合があるのです。

いずれにしても、医療者が拙速な原因説明を早い段階でしてしまったために、後日その原因を変更せざるを得なくなり、患者・家族の感情をかき乱し、医療者側の変更した原因説明の方が正しかったにもかかわらず、医療訴訟にまで至ったケースもあります。医療者側の拙速な説明は医療紛争を惹き起こし、また増幅させることがあることを注意すべきです。

一方、医療者側の過失等が直ちに確認できる場合には、その事故原因を丁寧に説明し、速やかにその責任を承認する意味での謝罪（「責任承認としての謝罪」）をするのが適切であり、それに躊躇すると不必要な紛争の増幅を招くことになります。

また、仮に医療者側に原因が判明せず、過失の有無なども判らない段階にあったとしても、共感表明としての謝罪をするとともに、もし過失等（責任）が認められたら、直ちにその責任を負う手続（医療事故損害保険手続）に移行する旨の約束をしなければなりません。ただし、損害保険会社との意思疎通だけは十分に行って、勝手な判断で責任を認めることだけは避けてください（賠償保険金が出ないことも考えられます）。

(3) 患者・家族から診療記録の開示を求められたときの“医療者の対応”（診療記録の速やかな開示）

患者・家族から診療記録の開示を求められたにもかかわらず、そこに不利な記載があったためにそれを拒否したところ、患者・家族は当該病院の医療行為に不信を抱くようになり、医療紛争が始まって訴訟にまで至った事例を経験したことがあります。患者・家族からの診療記録等の求めは、その取扱いを間違うと紛争の引き金になり、その紛争が深刻化することを覚悟しなければなりません。

① 診療記録の開示を求められた場合には速やかに開示する責務がある

過去の裁判例を見る限り（大阪地裁平成20年２月21日判決、東京地裁平成23年１月27日判決など参照）、医療事故発生後に患者・家族から診療記録（カルテ等）の開示請求を受けた場合においては、医療者側にとって少々不利な記載があると考えられても、医療者としてそれを安易に拒否することは相当でありません。

また、診療記録の開示請求を安易に拒絶すると、そのことが原因で医療者側が患者・家族の疑念にさらされ（一般的には、「何か後ろめたいことがあるから診療記録を見せない」と思われるはずです）、その後紛争に発展することも考えられます

（そもそも、医療事故の疑いのある事案において、最後まで診療記録の開示を拒否し続けられるものではないことも銘記しておくべきです）。

いずれにしても、「診療情報の提供等に関する指針」資料1では、「医療従事者等は、患者等が患者の診療記録の開示を求めた場合には、原則としてこれに応じなければならない」としています。また近時では、多くの医療機関で診療記録（カルテ等）の開示が行われるようになっており、診療記録（カルテ等）の開示による患者と医師との医療情報の共有は、真の意味でのインフォームド・コンセントを達成するために不可欠の前提となっています。そしてそのことは、医療事故直後においても同様であって、患者・家族からのあらぬ不審や疑念を招かないためにも、スムーズな開示が求められます。

②　診療記録に不利な記載があったとしても開示を躊躇すべきではない

医療事故直後には、患者・家族から診療記録の開示や謄写を求められることがありますが、求められたら速やかにそれを開示し、謄写して「写し」を渡すべきです（患者・家族側からの通常のカルテ等開示手続では、病院側はその費用を徴収しているようですが、医療事故トラブルのおそれがある事案では「無償での謄写」としておいた方が無難です。これを有償にすることによって患者・家族が感情を害したケースも多くあります）。

医療者に診療記録を開示する義務があるかどうかについては、過去の裁判例では争いがありましたが、現在の実務では診療記録はすべて速やかに開示すべきであるとされており、それを躊躇してはなりません。これを躊躇することによって、患者・家族にその医療事故の原因についての疑念を抱かせることが多く、患者・家族の神経を逆なでして感情的にさせ、不要な紛争が生じたり、紛争が増幅されたりすることとなります。

仮にその診療記録に不利な記載があった場合であっても、上記の取扱いは同様であり、開示を躊躇すべきではありません。不利な記載に対する対処は別の機会に（医療訴訟に精通した弁護士などに相談して）専門的な対応として行うべきであり、不利な記載というだけで開示を拒否すると、患者・家族の医療者側に対する不信感が増幅し、当該医療者がより不利な立場に追い込まれます。診療記録の不利な記載も、詳細に検討していけば、必ずしも訴訟で不利に取り扱われるわけではないことが判明することも多くあります。

(4)　遺族から要求される“医療事故調査”

医療事故直後に病院（医療者）は、❶（少なくとも共感表明としての）謝罪をするとともに、❷事故の原因説明をすることになります。しかし、その原因が十分に解明できていない場合には、❸拙速な原因説明は避けて、事故原因の究明（調査と検討、その方法）を約束し（可能であればその期間を明示し）、❹その調査結果を受けての再発防止を約束することが必要になってきます。

しかし、その医療事故が“死亡事故”の場合には、遺族から、“医療法上の医療事故調査制度”（以下「医療事故調査」といいます）による「事故調査」を求められることが多くなっています（もちろん、医療法上は、医療機関が主体的に“医療事故か否か”を判断し、自らで医療事故調査に付するかどうかを決めなければなりません)。そしてその際に、遺族との間で“ボタンの掛け違い”が生じてしまい、そのことによって医療事故紛争が始まることもあるのです。すなわち、病院と遺族との間の医療事故に関するやり取りの過程において、患者・家族や病院側が医療事故調査制度を十分に理解していないことから、ボタンの掛け違いを惹き起こしてしまうことがあるのです(病院側が医療事故調査制度に十分な理解と知識がないということは許されないことではありますが…)。

① 医療法上の医療事故調査制度の概要

医療事故調査制度は平成27年10月に施行されていますが、その制度目的は「医療の安全」と「再発防止」とされています。そして、その手続の概要は以下のとおりです。

ア 病院の管理者(病院長など。以下「管理者」といいます)は、「医療事故」が発生した場合には、あらかじめ遺族に対して「定められた事項」を説明した上で(医療法６条の10第２項)、遅滞なく「医療事故調査・支援センター」(以下「調査・支援センター」といいます)にその旨を報告しなければなりません(同第１項)。したがって、院内で死亡事故が発生した場合には、管理者は、まずは当該医療事故が“医療法でいう「医療事故」に該当するか否か”を判断しなければならないのです。

イ 管理者が調査・支援センターに報告したら、当該病院は、院内調査委員会を立ち上げる等して「院内調査」を開始しなければならず(医療法６条の11第１項)、調査終了後には、その調査結果をあらかじめ遺族に対し説明をした上で(同第５項)、調査・支援センターにその調査結果を報告しなければなりません（同第４項）。

ウ　都道府県医師会や大学病院等の「支援団体」は、病院の管理者から、医療事故調査をするために必要な支援を求められた場合には（医療法６条の11第２項）、その支援を行うことになります（同第３項）。

エ　調査・支援センターは、医療事故が発生した病院の管理者又は遺族から、上記院内調査とは別に、当該医療事故について調査の依頼があったときは、必要な調査を行うことができ（医療法６条の17第１項。これを「センター調査」といいます）、その調査結果については、病院又は遺族に対して報告しなければなりません（同第５項）。

②　“医療事故”とは

ア　医療事故調査制度の対象となる「医療事故」とは、「❶医療者が提供した医療に起因し又は起因すると疑われる死亡・死産（以下「死亡等」といいます）であって、❷当該管理者（病院長など）が死亡・死産を予期しなかったもの」と定義しています（医療法６条の10第１項）。すなわち、そこには２つの要件があり、その一つが「医療に起因する死亡等（疑われる死亡等を含む）」（❶医療起因性）であり、もう一つが「死亡等を予期しなかったもの」（❷非予期性）ということになり、医療起因性と非予期性の要件が充たされるときに「医療事故」と認定しその調査を始めることになります。

イ　そして、その非予期性（❷）についていえば、「以下の事項の“いずれにも該当しない”と管理者が認めたものをいう」として、「(1)管理者が“当該医療の提供前に、当該医療者により当該患者等に対し死亡等が予期されていることを説明していた”と認めたもの」、「(2)管理者が“当該医療の提供前に、当該医療者より死亡等が予期されていることを診療録等に記録していた”と認めたもの」、「(3)管理者が“当該医療者からの事情聴取及び医療安全管理委員会からの意見の聴取を行った上で、当該医療の提供の前に、当該医療者により死亡等が予期されている”と認めたもの」を挙げています。

ウ　以上のとおり、上記(1)～(3)のいずれか一つに該当すると「予期したもの」(「予期しなかった」とはいえない) ということになり、「医療事故には該当しない」ということになってしまうのです。

いずれにしても、病院の管理者は、院内で死亡事故が発生した場合には、これが“「医療事故」に該当するか否か(医療起因性・非予期性の有無)”を速やかに判断しなければならないのです。もちろん、法律上は「管理者が…認めたもの」と表現しており、病院の院長(管理者)がひとりで決めることができるかのようにも読めますが、厚労省の通達では、「病院等の管理者が認めた」という管理者の判断については、「組織として判断する」とされています。

③　医療事故調査制度と医療事故紛争(その何が問題なのか?)

ア　医療事故事件については、従来から、それを刑事事件化して(医師らを業務上過失致死罪等として)刑事司法で裁くことによる「医療への重大な影響」(医療の萎縮と崩壊)が懸念されてきたのであり、それを避けるための様々な解決策が模索されてきました。そして最終的には、中立的な専門機関としての「調査・支援センター」を中心とした“いまの医療法上の医療事故調査制度”に落ち着いたのです。しかし、新しい医療事故調査制度の目的は「医療の安全」「再発防止」とされているものの、もともと模索されていた「医療事故の刑事事件化・刑事裁判化の回避」という点については、十分にその目的を達成することができませんでした。したがって、医療事故調査制度で調査が行われたとしても、遺族から警察・検察への被害届の提出や刑事告訴、医師法21条（24時間以内の警察署への届出）違反による告発などによって医療事故の刑事事件化・刑事裁判化が避けては通れないという現状が残ってしまったのです。

イ　そして、医療事故調査制度の目的が「医療の安全」「再発防止」とされていたとしても、やはり目の前に“患者の死”と“その遺族”が存在する以上、医療事故調査制度の運用しだいでは紛争の原因になりかねないのです。そして最悪の場合には、遺族から刑事告訴される等の可能性があることも念頭に置いておく必要があります。“医療事故調査制度を制限的に取り扱うべきという考えの人たち”は、同制度は「医療の安全」「再発防止」のための制度であり、“「紛争予防」や「紛争の早期解決」を企図したものではない、そのような利用をすべきではない”等と説明されることもあります。確かに、理念的にはそのとおりなのかもしれませんが、そこに「医療事故死を起こした又は起こした疑いのある病院」と「その遺族」が対峙している以上、その関係はいつでも紛争関係に転嫁し、病院側の対応しだいではその紛争はより深刻化していくのです。

ウ　しかも、実際の医療事故紛争においては、医療事故調査制度に内在する問題点（医療者側の医療事故調査制度の取扱いしだいで、遺族が医療者側に疑念を抱いてしまう制度上の問題点）がその紛争の契機となったり、また、紛争を増幅させる原因となることがあります。すなわち、医療事故調査制度には様々の問題点があり、例えば、(a)「医療事故」の判断は「病院の管理者」だけが行うこととなっており、遺族側からの事故調査申請の手段・方法がないこと、(b)「医療事故」に該当するか否かは病院長など病院管理者が判断することとなるために、病院側が消極的な判断をすることも容易に想像されること、(c)「医療事故には該当しない」という病院側の消極的な判断（遺族から消極的と受け取られかねない病院の判断）は、遺族に対し、「病院がその責任を回避しようとしているのではないか」という疑念をもたせかねないこと、(d)「医療事故」という言葉を使っていることから、管理者が「医療事故ではない」と判断したときには、遺族によって「病院が医療過誤ではないと判断した」と勘違いされることも多いこと、(e)その後の医療事故調査も原則として（医療事故を惹き起こした）病院の院内調査委員会を中心として行われること（もちろん、第三者としての専門家が外部委員として参加することはありますが…)、(f)遺族が調査・支援センターに調査依頼することもできないことはないが、上記(a)において管理者が「医療事故」と認定しない限りそれが許されていないこと等が指摘されています。

④　医療事故調査に関し遺族とのトラブルを避けるために

医療事故発生直後の、いまだ原因が明確になっていない段階においては、当該病院は「遺族への配慮」が欠かせません。そこでの“遺族への配慮の欠如”や“遺族との間のボタンの掛け違い”が、医療事故紛争を生じさせ又はその紛争を増幅させたりすることになり、最悪の場合には“遺族から刑事告訴を受ける”等という事態にもなりかねません。遺族に刑事告訴されると警察も動かざるを得なくなることが多く、結果的に不起訴になるにしても、その捜査の間の当該医師・看護師その他スタッフの心労は尋常ではないのです。

したがって、下記のとおり、病院側としては、遺族や一般社会が納得する「制度の中立性・公正性・客観性・透明性」を確保する努力を怠らずに、具体的な遺族への配慮を心掛けなければならないのです。

ア　まず、医療事故調査制度においては、その「制度の中立性・公正性・客観性・透明性」が重視されており、「外部専門家の支援」を前提とした制度設計を目指しています。したがって、具体的な医療事故が発生した場合においても、病院側は、中立性・公正性・客観性・透明性に準拠した実務的な取扱いをすべきものと思われます。すなわち、院内調査委員会には、できるだけ外部の専門家を招聘し、手続の中立性・公正性・客観性・透明性を図らなければなりません。

イ　また、医療事故調査制度では、その過程における「病院から遺族への説明」を重視しています。厚労省作成の「医療事故に係る調査の流れ」（資料２ 192頁）を見ていただければわかると思いますが、左から右への流れの中で、⑴「死亡事例発生」直後の「遺族等への説明（事故調査制度の外で一般的に行う説明－これまでにも行ってきたはずの説明－）」、⑵「医療事故判断」直後の「遺族へ説明」、⑶「センターへ結果報告」前の「遺族へ結果説明」という３つの記載がありますが、医療事故調査制度では、それほどまでに遺族への配慮を求めているのです。

ウ　要するに、医療事故発生直後において遺族への配慮を欠くと、そのことから容易に紛争になり、それが増幅されて拡大していくことになります。そして最悪の事態、遺族からの刑事告訴等ということも考えられるのです。そのような事態は何としても避けなければなりませんが、そのためにも、医療事故調査に関しては、「中立性・公正性・客観性・透明性」を旨とし、可能な限り「遺族に配慮した対応」をとるべきだと考えます。

エ　さらに状況しだいでは、病院側としても医療事故調査制度を積極的に利用することも考えざるを得ないことがあります。遺族の求めに応じて医療事故調査をせざるを得ないとしても、その後の院内調査報告書や調査・支援センターの調査報告書は、その医療事故の原因解明において中立・公正な比較的客観性をもったものとなる可能性があることから、その報告書が遺族との間の紛争の発生や増幅を防いでくれることも考えられます。そして仮に、その後も民事紛争が残っていたとしても、その調査報告書を前提に双方当事者が検討することによって、その紛争が大きくならずに済むことも考えられるのです。

4

まとめ（6つの対応における紛争回避機能・紛争増幅阻止機能）

以上を前提に考えてみると、医療関係紛争を回避する（紛争を発生させない、又は、紛争を増幅させない）ためには、次のような対応を考えなければならないと思われます。

つまり、下記のような「6つの対応」には、それぞれ「紛争回避機能」「紛争増幅阻止機能」があるものと思われます（ただし、この紛争回避の手法は、チーム医療として行うことを前提としており、医師、看護師・臨床検査技師などコ・メディカルが一つのチームとして検討し実施されなければならないということも忘れないでください）。そして、それが医療死亡事故の場合には、医療事故調査制度の存在を念頭に置いた“遺族への配慮”が欠かせないことを忘れないでください。

① 医師の事前のインフォームド・コンセントの実践
② 看護師特有のインフォームド・コンセントの実践
③ 診療記録への丁寧な記載
④ 医療事故直後の真摯な「謝罪」
⑤ 医療事故直後の真摯な「説明」
⑥ 診療記録の速やかな開示

第2章

ペイシェントハラスメント、〝その患者・家族との向き合い方〟（ペイシェントハラスメントへの対処法）

はじめに

本章は、患者・家族からのペイシェントハラスメント（いわゆる「ペイハラ」）についての“医療機関側・医療者側の対処法”を、医療の臨床現場（医師、看護師その他のコ・メディカル、事務職者）に提案するものとなっています。しかし、後述するとおり、「ペイハラ」が“病院組織全体で対処すべき問題”であることからすれば、ここで提案する対処法は、臨床現場だけで利用すべきものではありません。“病院長など病院幹部を含めた病院組織全体”がそれを理解して、医師、看護師などコ・メディカル、事務職員などのペイハラ処理担当者（以下「ペイハラ担当者」ということがあります）を「後方支援」するためにも利用しなければ、その意味が半減します。

これまでも、「モンスターペイシェントへの対処法」などという市販の実践図書において、具体的な対処方法（実践方法）が紹介されることはありましたが、ペイシェントハラスメント（ペイハラ）自体のいわば“法理論的な検討”（ペイハラ患者・家族など加害行為者の法的責任論など）と“その整理”まではなされていなかったように思えます。ペイハラ患者・家族に対し最前線で対処するペイハラ担当者も、また、その後方支援をする病院幹部も、ペイハラについての「法理論的な考え方」（○ペイハラ言動が違法であること、○ペイハラ言動が患者・家族の医師に対する診療協力義務に違反すること、○ペイハラ言動が時として犯罪にもなりかねないこと等）を十分に理解して、その対処法を実践する必要がありますし、そのことによって当該対処法の効果が一層高まることとなるものと思われます。

その意味において、まず本章では、ペイハラによる医療者の被害実態（長崎県内）を紹介して、その上で、ペイハラの「法理論的な側面からの説明」を行い、その後に「具体的な対処方法（実践方法)」を紹介します。

1

長崎県のペイハラアンケートに見られるハラスメントの実態

令和元年９月から同年11月にかけて、長崎県看護協会が「看護職に対する患者家族などからの暴言・暴力・セクシャルハラスメント」のアンケート調査を実施し（看護師600名にアンケート用紙を配布し334名から回答）、その調査結果を取りまとめています（以下「県看護協会報告書」といいます）。

また、長崎県医師会も、令和２年１月、県下ほぼすべての病院を対象にペイシェントハラスメントに関するアンケート調査を実施し（県下147病院にアンケート用紙を配布し72病院から回答）、同年７月31日、その調査結果を取りまとめています（以下「県医師会報告書」といいます）。

この２つのペイハラアンケートの結果（資料３ 193頁）を見ると、次のような実態が明らかになります（なお、県看護協会は調査の対象を「患者家族からの暴言・暴力、セクハラ」とし、長崎県医師会は「ペイシェントハラスメント」としていますが、その実態はほぼ同じものと考えられますので、これらを「ペイハラ」と統一して呼称することとします）。

⑴　長崎県看護協会の報告書に見られる被害実態

県看護協会報告書によれば、その被害実態を次のように整理することができます。そしてそこには、臨床医療の現場におけるペイハラ（暴言・暴力・セクハラなどのハラスメント）の“はびこり”が見られ、一部の患者・家族からの暴言・暴力・セクハラに怯えながら看護に携わる看護師の姿が浮かび上がってきます。

まず、「患者・家族より暴言・暴力・セクハラを受けたことがあるか」という質問に対しては、「受けたことがある」と答えた看護師が全体の約78％にのぼっており、「その経験がない」と答えた看護師はわずか約22％にすぎません。そして、それをさらに細かく見ていくと、「身体的暴力」を受けたことがある看護師が約44％、「言葉の暴力」を受けたことがある看護師が約47％、「セクハラ」を受けたことがある看護師が約33％となっており、驚くべき結果となっています。アンケート対象の看護師数及びその回答数がそれほど多くはないという点を差し引いたとしても、そのペイハラ被害の実態はひどいものといえます【注1】。

次に、「暴言・暴力・セクハラを受けたときにどう思ったか」という質問に対する回答は、「仕方ないと思った」が約36％、「仕事が嫌になった」が約29％、「怖くなった」が約23％、「仕事を辞めたいと思った」が約15％となっており、ペイハラを受ける看護師の悲しくてやるせない気持ちがよく表されており、これらによって精神的に追い詰められ、実際に休職や退職に追い込まれていく看護師の心模様が如実に現れています。

さらに「自由記載欄」には、「言葉による暴力が多い」「精神的につらい」「もう対象患者のところには行きたくないと思ってしまう」「あざになるほど叩かれたり、つねられたりした」「訴えたいと思うが、病院全体が“患者様”だから仕方がないという雰囲気」「看護師には人権はないのかと感じる」などという記載があり、看護師が一部のペイハラ患者・家族に肉体的にも精神的にも追い詰められている現状が明らかになっているのです。それにつけても「訴えたいと思うが、病院全体が“患者様”だから仕方がないという雰囲気」という記載は、いまの臨床医療の問題点をさらけ出しているような気がします。いまの医療の現場では、「患者様」と呼称することに代表される、歪められた「患者第一主義」が異常なほどに闊歩し、“患者様の言うこと・すること”に抵抗ができないような雰囲気が漂っているのかもしれません（もちろん、「患者第一主義」の実現は正しいことであり、必要なことではありますが…）。

【注１】　長崎市内のＢ病院でも、令和４年９月から10月にかけてペイハラアンケートを実施しています。職員約1,300名を対象とし回答率は35.6％と少ない感じもしますが、看護職員の55.5％は回答をしてくれています。そのペイハラアンケートの中で、ここ３年間でペイハラを受けたと回答したのは42％、５年以上20年未満経験者では５割近く、20年目以上では63.6％の職員がペイハラを受けたと回答しています。また、ペイハラの内容については、①コップを投げつける、②殴るなど身体的な攻撃、③大声で怒鳴る、④理不尽な要求、⑤謝罪に対する土下座などの要求、⑥職員の担当・異動・辞めさせろなどの執拗な要求、⑦言葉の揚げ足を取り辛辣な非難を繰り返す、⑧１時間以上の対応を余儀なくされる、⑨セクハラを受けるなどが並んでおり、とうてい放置できない状況にあります。

⑵　長崎県医師会の報告書に見られる被害実態

県医師会報告書によれば、その被害の実態を次のように整理することができます。そしてそこにも、臨床医療の現場でのペイハラの“はびこり”があり、そのことによって病院組織の運営を阻害する重大な課題が見てとれます。

まず、「暴言・暴力・セクハラなどのペイハラがあったかどうか」の質問に対しては、72施設中49施設（約68％）が「あった」と回答し、その態様については、①執拗かつ辛辣な対応要求、②脅迫・名誉毀損・侮辱・暴言、③医療行為等に対する非難や批判と責任追及の順番になっており、④業務妨害、⑤暴行・傷害などという回答も少なくありません。

次に、「ペイハラ患者家族の何に困っているか」という点を問うと、①職員が対応に時間をとられ業務に支障が生じていること、②職員の就労環境が悪化していること、③患者が退院しない等により不必要な入院が継続されてしまうこと（退院を勧告しても従わないこと）という順番になっています。

以上を見る限り、多くの病院においてペイハラ患者・家族への対応に難渋し、職員等が悪戦苦闘している様子をうかがい知ることができます。そして、そのペイハラを受けた職員に対する病院側のサポートの内容を質問すると、○専門家によるカウンセリング、○精神科又は心療内科の受診、○一定期間の休業などという回答が見られ、さらには、○労災認定の支援を受けている場合もあるようです。

このようにペイハラによって看護師など職員の就労環境が悪化していることは明らかであり、○退職した、○心労により体調を崩した、○精神的ストレスを惹き起こした等という職員がいることも十分に頷けます。

病院（医療機関）は、事業者として、医療者である病院職員に対し安全配慮義務・職場環境配慮義務を負っていますが、過度に強調された「患者第一主義」との狭間の中で身動きがとれなくなっているようにも思えてきます。

(3) ペイハラアンケートに見られる“病院側の対応”

もちろん、県看護協会報告書、県医師会報告書を見る限り、病院等はペイハラに手を拱いているわけではなく、○対応マニュアルやガイドラインの作成、○担当部署の設置、○職員研修などの組織的な対応を実施し、さらに具体的事案においては、○以後の診療拒否、○院内立入禁止、○誓約書等を書かせる、○弁護士への相談又は弁護士の介入、○警察介入などの個別対応を行ってはいるようです。しかし、それで十分かといえば、そうともいえないようで、○職員のコミュニケーション能力の向上を目的とした研修の充実、○警察との連携、○地域病院間での情報共有など、より一層の組織的で充実した対処を模索しています。

このことからもわかると思いますが、各医療機関は、その病院職員の患者・家族とのコミュニケーションスキルが十分でないことを自覚しているようですし、また、医師が患者・家族に襲撃される重大事件が繰り返される中で、“次にうちの病院が狙われるのではないか”などと戦々恐々としている心境も見て取れます【注2】(しかし、令和3年末から令和4年始めにかけての医師等殺害の重大事件を受けて、警察庁は都道府県警に対し、医療従事者等の安全確保のために医師会等と連携を図る通達を出しています。資料4 201頁)。

また、高齢の患者を入院させたはいいが、その入院の必要がなくなったにもかかわらず、当該高齢患者が退院しない、又は、その高齢患者を引き取らない（入院させたままの退院拒否）という家族も見られるようになっており（いわゆる居座り型ペイハラ）、病院側の対処が困難を極める事案が増加しています。このことは全国的な問題になっており、令和元年12月25日付厚労省医政局長通達（資料５ 203頁）では、「医学的に入院の継続が必要ない場合には、通院治療等で対応すれば足りるため、退院させることは正当化される」とされています。いずれにしても、この点については後述することとします。

【注２】　令和４年12月17日付長崎新聞、同日付西日本新聞の記事によれば、「日本うつ病リワーク協会と日本デイケア学会が合同で、医療施設に対する令和４年６月１日を基準日とするアンケートを実施したところ（加盟施設46.6％の206施設が回答）、その回答病院のうち『院内や敷地内で暴行行為などがあった』と答えたのが85.5％の175施設、内容を複数回形式で尋ねたところ、『暴言』163施設（79.1％）、『器物損壊』139施設（67.5％）、『暴行・傷害』131施設（63.6％）、『恐喝・強要』77施設（37.4％）となった。未遂を含む『放火』が20施設、また、『集団療法内で暴行行為などがあった』としたのは86施設（41.7％）だった」とされ、「同協会の五十嵐良雄理事長は、『予想をはるかに上回る数字』と受け止め、『建物の構造や予防策を考えるだけでなく、発生した時の対応策まで考えることが必要だ』」とされています。このアンケートは精神科医療や心療内科系の医療施設が対象であったものと思われますが、それでも今の医療機関の危ない現実を知ることができます。

また、令和４年12月30日付西日本新聞の記事によれば、埼玉県ふじみ野市の在宅医殺傷事件を受けて、埼玉県は在宅医療・介護の従事者にアンケートを実施し、「回答した665人の約半数が患者や利用者らから暴力やハラスメントを受けたとした。事例として、たたかれた、髪の毛を引っ張られ転倒させられたなどの被害のほか、包丁で威圧されたり、利用料を巡り脅迫・どう喝されたりしたとの訴えがあった」とされています。

2

“ペイシェントハラスメント”という考え方（“モンスターペイシェント”と呼ぶべきではない理由）

(1) モンスターペイシェントは患者・家族の「性格」が問題なのか、それとも「言動」が問題なのか？

① 患者・家族が声を荒らげただけで“モンスター”なのか？

近時、医療現場では、いわゆる「モンスターペイシェント」「モンスタークレイマー」と呼ばれる人たちによる医療トラブルが多くなっています。しかし、その事案の実情を聴くと、○当該病院による対応ではとうてい解決不可能で弁護士や警察を頼らなければならない事案から、○医療や医療者への単なる不平や不満という苦情レベルの事案、○ペイハラというよりも医療事故紛争についての交渉・トラブル事案にすぎないものまで、そのトラブルの内容は様々です。当該患者・家族が医療者に「声を荒げている」というそれだけで、これらを十把一絡げで、「モンスターペイシェント」「モンスタークレイマー」（以下「モンスター事案」ということがあります）といってしまう（呼称する）のは、かえってそのトラブルを根深いものとしてしまう可能性があります。すなわち、事案によっては早期の解決が可能であるにもかかわらず、それをこじれさせることになりかねないのです。

そもそも、医療行為に疑念・不信をもち、医療者の説明に納得いかずに質問を繰り返す患者・家族が、時に少し声を荒らげただけで、その患者・家族を「怪物」(モンスター)といってしまうことには違和感があります。本来、「クレーム」とは、「サービスに対する苦情や改善要求、契約あるいは法律上の権利請求」を指す外来語であり、原語では「正当な主張・請求・要求」の意味とされているようです。すなわち、本来的な意味では、「クレーマー」とは「正当な主張や請求をする人」のことなのです。したがって、医療に疑念・不信を抱いて医療者に説明を求め、その説明に納得できずにそれを繰り返しただけであれば、仮に少しくらい声を荒らげる場面があったとしても、「正当な主張や請求をする人」という域を出ないこともあるはずです。

むしろ、患者・家族のクレームは、“医療者側の患者・家族への対応の拙さ(まずさ)”、“医療者側の患者・家族に対する不適切な対応”などを正しく指摘してくれることがあり、その意味での価値が見いだされる場合も少なくないのです。

② ペイハラ患者・家族の「性格」ではなく、その「言動」にこそ焦点を当てるべき！

もっとも、近時では、「クレーマー」とは「常識の範囲を超えてしつこく文句を言ったり、言いがかりと思われるような主張や請求を繰り返したりする人のこと」を意味するものとして使うことが多いようです。しかしそれでも、医療行為やそれに関連する事項についての医療者の説明に納得がいかずに質問を繰り返すだけで、その患者・家族を「モンスター(怪物)」といってしまうのは、「過度の決めつけ」となってしまう可能性があります。
いずれにしても、いわゆるモンスター事案における患者・家族については、“非常識なその「性格」に問題があるのか”、それとも、“非常識なその「言動」に問題があるのか”、ということが重要となります。そして、この点については、患者・家族による非常識な「言動」にこそ焦点を当てるべきであり、「その言動に対して、どう対応するのか」という観点から検討することが必要であって、この種の事案における喫緊の課題といえます。
患者・家族の「性格」を揶揄するがごとき「モンスター（怪物）」「モンスターペイシェント（怪物患者）」などという呼び方は、このような問題の解決について、何の糸口も与えてくれることはありません。それよりもむしろ、「モンスター」と呼ぶことによって逆に、紛争の解決をますます困難にしてしまうのではないかと思います。「あの患者・家族は“モンスター（怪物）”」といってしまえば、そのような人との関わりなど誰も望まないでしょうし、そのように呼称された患者・家族が話し合いに応ずるはずもないのです。

⑵ いわゆる「モンスターペイシェント」について

① モンスターペイシェントがはびこる社会的背景について

いわゆるモンスターペイシェントとは、一般的には、「患者・家族が、医師・看護師等の医療者に対して、自己中心的で理不尽で非常識な要求をし、果ては暴言・暴力・性的言動（セクハラ）を繰り返すこと」を意味し、その患者・家族のクレーマーとしての言動が、度を超してモラルに欠けていることから、「モンスター」（怪物）と呼ばれるようになったようです。

近時の医療現場においては、⑴医療の不確実性と、それについての患者・家族の認識の欠如、⑵患者の人権意識の浸透と誤った権利意識、⑶常軌を逸した自己中心的な人たちの増加（間違いか否かに関わりなく自分の考えだけを前提に、違う考えの人を声高にかつ激しく攻撃することに躊躇しない人たちの増加）、⑷「患者様」などという呼称を使った“行き過ぎた「患者中心の医療」”【注3】等により生じた「医療者側と患者側との立場（優位性）の逆転現象」によって、患者・家族の要求が通りやすくなっており、それが非常識で理不尽であっても病院や医師・看護師等がこれを容認する（容認せざるを得ない）傾向が続いているといえそうです（いわゆる「逆ハラスメント」の状況に陥っているのです）。そして、このような状況において、非常識なごく一部の患者・家族が増長し、「間違ったことでも、患者の言うことは許される」という風潮が強まっています。「間違ったことを間違ったことと自覚できない自己中心的な人たち」が増えてはびこっている現状の中で、一般の善良な患者は当惑して迷惑し、いわゆるモンスターペイシェントへの対応に追われる“医師や看護師などの医療者・事務職員”が、精神的に疲れ果て精神科・心療内科に通院したり、あるいは、病院を辞めてしまったりしているのです。

【注3】　病院における「患者様」の呼称は、平成12年ころに厚労省が国立病院に宛てた指針によって推奨したものといわれており、「患者中心の医療」「患者等への接遇改善」を目指すものとして、その後のわが国の医療界を席巻してきました。しかし、「患者様」と呼ぶことについては、呼ぶ側の医療者側のみではなく、そう呼ばれる患者側にも「違和感がある」という声が多く、近時ではその呼称をもう一度「患

者さん」と呼ぶ方向へ見直して元に戻す病院が増えています。そして、この「患者様」という呼称については、患者側に誤った権利意識を植え付けてしまった等という批判もあります（もっとも、本来的な意味での「患者中心の医療」「患者第一主義」という考え方が正しい方向性を示していることを否定するものではありません）。

② 医療者側の杜撰な対応がモンスターに育ててしまう！

しかし、モンスターペイシェントと呼ばれる患者・家族も、その当初は「医療行為や医療者に対する苦情・不平・不満をいう人」というレベルから始まっていることが多いのではないでしょうか（一般的に「クレーム」といっていますが、英語では「苦情」の意味であるコンプレイン〔complaint〕に該当するといわれているようです）。当該病院の医師・看護師等のスタッフ職員の患者・家族への対応の拙さ（まずさ）、すなわち、ちょっとしたミスや不手際とそれに対する対処の欠如、又は不十分、ぞんざいな言葉遣い、不親切な態度や説明、患者への配慮を欠いた言動などが患者・家族の不平・不満として苦情となって表れるのです。したがって、そこには「正当な主張・請求・要求」（クレーム〔claim〕という英語の本来の意味）も含まれていたはずなのですが、医療者側が真摯な対応をとらずにそれを無視したり、あるいは、忙しさにかまけてそのことを見逃したりしている場合もあるはずです。

また仮に、患者・家族の苦情自体に理不尽な点があったとしても、その誤解や不合理性を十分納得させることができればいいのですが、医療者側でそれをやっていないケースも多くあります。そして、その時の医療者側の対応しだいで、患者・家族の不平や不満が徐々に増大していき、その「言動」がエスカレートしてしまうことがあるのです。それをいわゆる「モンスター化」、「悪質クレーマー化」などといっているようですが、この場合の問題点は、患者・家族の「性格」にあるのではなく、客観的に表出した「言動」にあるということになります。もちろん、表面に現出したその「言動」には、その患者・家族の「性格」も影響していることは明らかなのですが、私たちが対応しなければならないのは、あくまでも患者・家族の「言動」ということになるはずです。

⑶ いわゆる「モンスターペイシェント」は“ハラスメント”であり、その中でも“ペイシェントハラスメント（ペイハラ）”に分類される

以上のとおり、いわゆるモンスター事案では、その患者・家族の「性格」ではなく、「言動」を問題にし、そのことを前提に事案の分類と分析がなされなければならないはずです。その場合に、ペイハラでは「患者・家族が、医療者を不快にさせたり、医療者に不利益を与えたり、医療者の尊厳を傷つけたり、医療者に脅威を与えたり、挙句の果てには医療者に対し暴言を吐いたり、暴力を振るおうとしたり又は振るったり、あるいは性的言動をとったりする」というのですから、それは明らかに、「いじめ、嫌がらせ」に該当します（もっとも、暴言・暴力・性的言動に至れば、「いじめ、嫌がらせ」の域を超えた犯罪行為になってしまいます）。すなわち、それがまさに「ハラスメント」ということになり、分類的には、いわゆる「ペイシェントハラスメント」という事案になります。

いずれにしても、ここでは、患者・家族の「医療者に対する

ハラスメント（いじめ、嫌がらせ）」という「言動」にこそ問題があるのであって、「その言動に対してどのように対処していくのか」が検討されなければならないのです。そして、そのような意味において、いわゆる「モンスターペイシェント」事案については、「モンスター」という言葉を使わずに（「怪物性」という性格に重きを置かずに）、単に「言動」に目を向けて「ペイシェントハラスメント」と呼ぶべきだと思います。

また、その呼称を略する場合にも「ペイハラ」といい、当該患者・家族のことは「ペイハラ患者」「ペイハラ家族」（合わせて「ペイハラ患者・家族」といいます）と呼ぶべきだと考えています。相手方の患者・家族を「モンスター（怪物）」と呼ぶよりも、「ペイハラ患者・家族」と呼んだ方が、医療者側から患者・家族側への対応（アプローチ）もやりやすくなるのではないでしょうか（もちろん、ペイハラ患者・家族も様々であり、その類型によって対応が異ならざるを得ないことは、別の問題です）。

3

ペイハラの違法性を考える

ペイハラ患者・家族に対応することとなるペイハラ担当職員は、ペイハラが違法行為（法秩序に反して許されない行為）であることを知っておく必要あります。ペイハラ患者・家族は、医療者に対し、ペイハラ言動を繰り返しますが、そのことが違法（法秩序に反して許されないこと）だということをほとんど知りもしませんし、気付いてもいないのではないでしょうか。しかし、それに対応するペイハラ担当職員は、ペイハラ言動が違法行為（法秩序に反して許されない行為）であることを十分に知り、かつ、自覚しながらペイハラ患者・家族に対応しないと、効果的な対処はできないように思えます。また、ペイハラ患者・家族のペイハラ言動を止めるよう指導し諭すためには、ペイハラ担当職員の優位性を確立し、その優位性を自覚しながらそれをしないと効果的なものとはなりようもありません。

したがって、ペイハラ担当職員がペイハラの違法性（法秩序に反して許されないこと）、及びその違法性の具体的内容を知って、そして自覚することが、ペイハラ患者・家族と対応するために必要なことといえるのです。

⑴ 違法性その１
（パワハラから見るペイハラの違法性）

① ハラスメントとは（一般論）

ハラスメントとは本来「いじめ、嫌がらせ」のことを意味し、行為者本人の認識の有無には関係なく（すなわち、「故意」があろうがなかろうが）、「相手を不快にさせたり、尊厳を傷つける（傷つけられたと感じさせる）発言や行動をとったり、不利益を与えたり、脅威を与えたりすること」を指します。もちろん果ては、暴行・傷害・脅迫などの犯罪行為に行き着くこともあり、ハラスメントが暴言・暴力までも含めた意味で使われることが多くなっています。

要するに、ハラスメントとは、「日常生活の中で、他者に精神的苦痛や身体的苦痛、精神的損失・物理的損失を与える結果となる言動」を指しますが、法律で定義が明確にされたいくつかのハラスメント類型【注４】以外には、一般的に、定量的かつ厳密な定義が存在せず、「ある言動をある者が不快に感じれば、その者にとってその行為はハラスメント」といわれることも多くなっています（いわゆる「主観説」といわれています）。もっとも、裁判所で違法なハラスメントが認められるためには、被害者の「心理的な主観」も重視されますが、それなりの「行為の客観性」を求められることを忘れないでください。

【注４】 わが国の法制度においては、これらのうち❷セクハラ、❸マタハラ、❹パタハラなど育児・介護ハラスメントが従前から労働法制（男女雇用機会均等法、育児介護休業法）によって定義化され規制されてきました（事業者に防止措置義務を課してきました）が、❶パワ

ハラも、2019（令和元）年５月29日付の「パワハラ防止法」の成立によってその概念が定義化され規制されることとなり、さらには、2020（令和２）年１月15日付の「パワハラ防止指針」においてカスタマーハラスメント（カスハラ）なども その規制の対象になっていることが確認されています（しかし、法制度上は「禁止」ではなく、あくまでも「防止」のための「規制」ということになりますし、それも表現上は「要請」のレベルに留まっています）。

②　ハラスメントの分類

ハラスメントには様々のものがあり、一説には35種類、また他説では45種類などともいわれており、ネット上に溢れています。

その中で、いま一般的に問題とされるハラスメントといえば、❶パワーハラスメント（いわゆる「パワハラ」であり、一般的には、「立場や権力や階級といった上下関係〔権力、力などによる優位性〕を利用し、おおよそ下位に当たる者に対して本人の意思に反することを強要すること」などとされています）、❷セクシュアルハラスメント（いわゆる「セクハラ」であり、一般的には、「相手の『性』に対する嫌がらせ、又は個人・集団を問わない『性的ないじめ』のこと」とされています）、❸マタニティハラスメント（いわゆる「マタハラ」であり、一般的には、「妊娠や出産を控えた者又は経験者に対して行われる嫌がらせのこと。多くの場合は仕事に関係し、職場において上位の者や同僚から退職へと追いやられるといった不当な扱いを受けること」とされています）、❹育児・介護ハラスメント（「パタニティハラスメント（パタハラ）」と呼ばれることもあり、その場合には「育児や介護のために休暇や時短勤務を希望する男性職員に対する嫌がらせのこと」ということになります。もちろん、女性職員もこのハラスメントの対象となりますから、「育児・介護ハラスメント」と呼ぶのが正確です)、❺ドクターハラスメント（いわゆる「ドクハラ」であり、一般的には、「医師・看護師など医療者が患者・家族に対して不当な態度や言動を行い、悪意の有無にかかわらず患者に不快を感じさせること」とされています)、❻アカデミックハラスメント（いわゆる「アカハラ」であり、「学術研究の場における教育上・研究上の権力を利用したいじめや嫌がらせのこと」を意味します)、❼ジェンダーハラスメント（いわゆる「ジェンハラ」であり、「『男だから仕事は義務』、『女だから家事・育児が義務』などという、性別によるステレオタイプな性差別が行われること」とされています)、❽モラルハラスメント（いわゆる「モラハラ」であり、「個人が有する常識や社会的モラルを相手の意思に反して強要することの総称」とされています)、❾カスタマーハラスメント（いわゆる「カスハラ」であり、「事業者の職員に対する顧客・消費者による自己中心的で理不尽な要求や悪質なクレームなどの迷惑行為のこと」とされています）等があります【注5】。

そして、ペイシェントハラスメント（いわゆる「ペイハラ」）も、「ハラスメント」の一つとして分類されます。そのペイハラは一般的には、上記❺のドクターハラスメント（ドクハラ）の逆のパターンであり、「患者・家族が医療者に対し、正当な医療行為を妨害する暴言・暴力・性的言動、いじめ・嫌がらせなどの行為をすること」を指します。要するに、本来その専門性などの観点からは、「医師・看護師等の医療者側が、患者・家族よりも優位な立場にあるはず」なのですが、様々の事情によってそれが逆転し、患者・家族側の方が優位な立場になってしまった事案であり、そのようなハラスメントパターンが医療の現場で非常に多くなっているのです。

【注５】 なお、❾カスタマーハラスメント（いわゆる「カスハラ」）とは「顧客等からの事業者の職員に対する自己中心的で理不尽な要求や悪質なクレームなどの迷惑行為」のことを意味しますが、令和４年２月に厚労省から事業委託を受けた“カスタマーハラスメント対策企業マニュアル作成事業検討委員会”が「カスタマーハラスメント対策企業マニュアル」を策定し、厚労省のホームページに掲載されています。

③ パワーハラスメント（パワハラ）がハラスメントの基本的な形態

ところで、これらのハラスメントでは、その生活環境、職場環境、人間関係等におおむね「上下関係」が存在し、「上下関係の中での権力や力（パワー）の格差（優位性）」がその前提となることが多いといえます。ペイハラにおける“医療者”と“患者・家族”との関係も、本来は専門性という観点からの上下関係（“患者・家族は医療者の医療上の指示に従う”という、医療契約上当然の上下関係）が存在するはずですが、その関係性が逆転しているのです。近時では、部下の上司に対するパワハラという、いわば“逆転したハラスメント”（それを「逆ハラスメント」、「逆パワハラ」などといいます）が報告されるようになりましたが、ペイハラはそれにも似た逆転したハラスメント実態を呈しています。

いずれにしても力（パワー）関係に上下の格差が存在していることは共通しており、多くのハラスメントの中でも、パワーハラスメント（いわゆる、暴力、いじめ・嫌がらせ、精神的攻撃等を含めた「パワハラ」）が「基本的な形態」であるといえ、その考え方をもって他のハラスメントにも対処することが可能となるはずです。

厚労省は、職場でのパワハラについて、平成24年１月30日付パワハラワーキング・グループ報告に基づき、同年３月15日には「職場のパワーハラスメントの予防・解決に向けた提言」を取りまとめて公表していましたが、ここでも「関係の優位性」が要件となっていました。そしてその後、令和元年５月29日に成立した「労働施策の総合的な推進並びに労働者の雇用の安定及び職業生活の充実等に関する法律」（いわゆる「労働施策総合推進法」であり、「パワハラ防止法」と通称することもあります）によって、パワハラを「職場において行われる優越的な関係を背景とした言動であって、業務上必要かつ相当な範囲を超え、身体的・精神的苦痛を与え又は就労環境を害するもの」と定義付けし、「優越的関係」を前提とする「パワハラ」を規制することにしました【注６】。しかも、パワハラ防止法ではさらに、上司から部下に行われるものだけではなく、先輩・後輩間や同僚間、さらには部下から上司に対して行われるものも含まれます。すなわち、「逆ハラスメント」「逆パワハラ」も要件を充足すれば、パワハラ防止法上の「パワハラ」となるとされており、様々な「関係の優位性」が前提とされているのです。

このことは、ペイハラでも同様であり、「患者・家族」と「医師、看護師などコ・メディカル、事務職者」との関係において、前記**2**⑵①（78頁）の事情（⑴医療の不確実性とそれについての患者・家族の認識の欠如、⑵患者の人権意識の浸透と誤った権利意識、⑶常軌を逸した自己中心的な人の増加、⑷「患者様」などという呼称を使った“行き過ぎた「患者中心の医療」” 等）によって生まれた「医療者側と患者側との立場（優位性）の逆転現象」を背景として、医療者（医師・看護師等）から患者・家族の側に“優位性”が事実上転換してしまい、ドクターハラスメントと逆の状態になっているのです。そして、そのことから惹き起こされた社会現象・臨床現象がペイシェントハラスメントなのです。いずれにしても、人間関係の優位性を前提とし、その関係性上の「上位者から下位者に対して行われるハラスメント」では、ペイハラも含めて、「パワハラについての一般法理」が当てはまるといえます。

【注６】　職場でのパワハラ事案は、パワハラ防止法の法制化よりもかなり前から社会的な急増をみており、都道府県労働局に寄せられる事業所での「いじめ・嫌がらせ」に関する相談（平成13年に創設された個別労働紛争解決制度における「総合労働相談」のうち「民事上の個別労働紛争」にかかる相談）についていえば、平成14年度には約6,600件程度であったものが、その10年後の平成24年度には約５万1,670件とその相談件数が桁違いに跳ね上がりました。そしてその後も相談件数の増大は続き、平成25年度には５万9,197件、平成26年度には６万2,191件、平成27年度には６万6,566件、平成28年度には７万917件、平成29年度には７万2,067件、平成30年度には８万2,797件、令和元年度には８万7,570件、令和２年度には７万9,190件、令和３年度には８万6,036件となっており、過去十数年間は毎年着実かつ急速に増加してきていましたが、ここにきて高止まりの傾向を示しています。もっとも、解雇・自己都合退職・労働条件の引き下げなどという従来一般的であった相談項目を遥か昔に追い抜いてしまい、相談件数のトップを走り続けていることは今でも変わりません（令和３年度労働相談件数は28万4,139件となっていますが、そのうち「いじめ・嫌がらせ」が８万6,034件であり、全体の24.4％を占め断トツの相談件数となっ

ています)。

このようなことも背景にあり、パワハラによる精神障害を理由とする損害賠償請求が増加の一途をたどっており、労働基準監督署も昔に比べたらパワハラよる精神障害を比較的簡単に労災認定するようにもなっています。しかも、パワハラをその要因の一つとする過労死、過労自殺の増大も続いており、ついにわが国も、令和元年5月にはパワハラ防止法を制定せざるを得なくなり、大企業を手始めとして同2年6月1日に同法が施行され、令和4年4月1日には中小企業も含めて全面施行されるに至りました。なお、臨床医療の現場でのペイハラは、一般の職場でのパワハラの急増に合わせるかのように増えてきているように思えます。

④ パワハラ防止法とペイハラ

2019年(令和元年)5月29日に成立したパワハラ防止法について、厚労省は、2020年(令和2年)1月15日に「パワハラ防止指針」を告示しています(なお、パワハラ防止法は、大企業について2020年6月1日から施行され、中小企業については2022年4月1日から施行されています)。

そのパワハラ防止指針においては、「事業主は、顧客等からの著しい迷惑行為(暴行、脅迫、ひどい暴言、著しく不当な要求等)により、その雇用する労働者が就業環境を害されることのないよう、雇用管理上の配慮として、(1)相談に応じ、適切に対応するために必要な体制の整備を行い、(2)被害者への配慮のための取組を行うことが望ましい。また、(3)顧客等からの著しい迷惑行為による被害を防止するための取組を行うことも、その雇用する労働者が被害を受けることを防止する上で有効と考えられる」としています(なお、2022年(令和4年)2月には、「カスタマーハラスメント対策企業マニュアル」（カスハラ対策企業マニュアル）が策定されています。【注５】（86頁）参照）。

すなわち、このパワハラ防止指針（ひいてはパワハラ防止法）では、「顧客等からの暴行、脅迫、ひどい暴言、著しく不当な要求等」もパワハラの一つとして、事業者に対し上記(1)(2)(3)などの対応を求めているのです。これらは、いわゆる「カスタマーハラスメント」（例えば、デパートでの顧客の店員に対するハラスメント、いわゆる「カスハラ」）に対する対応を事業者に求めているものなのですが、このことは病院でも同じなのです。上記「顧客等」には、当然、（事業者である病院との関係では）「患者・家族」もそれに含まれることになるのであり、パワハラ防止指針では、患者・家族の医療者に対するハラスメント（いわゆる「ペイハラ」）に対しても上記(1)(2)(3)などの対応を事業者（病院）に求めているといえます。

また、このことは厚労省の「セクハラ防止指針」では、もっと明確にされており、「当該言動を行う者（セクハラの行為者）には、労働者を雇用する事業主、上司、同僚に限らず、取引先等の他の事業主又はその雇用する労働者、顧客、患者又はその家族、学校における生徒等もなり得る」（下線と（　）は筆者）と定めて、患者・家族がセクハラ行為者に該当する場合があることを明らかにしています。

つまり、パワハラ防止指針でも、セクハラ防止指針でも、ペイハラを違法なハラスメントの一つとして事業者にそれを防止する責務を課して規制しようとしているのであり、ペイハラ言動もパワハラやセクハラ同様に違法行為として取り扱うことが自然の流れになりつつあります。

⑤　パワハラの違法性からペイハラの違法性を考える

㈠　パワハラ概念に該当するペイハラは“パワハラとして違法”である

以上のとおり、ペイハラは、パワハラ防止法下において「パワハラ又はそれに類するもの」として取り扱われるようになってきており、ペイハラについても、「パワハラに対する対処法」が妥当します。すなわち、ハラスメントの一つであるペイハラにおいても、その違法性を検討する場合には、「パワハラに対する対処法」を参考にすることができるのです。つまり、ペイハラがパワハラ概念（定義）に該当する場合又はそれに類するような場合には、それを繰り返す患者・家族の「言動」もまた、いわゆる「パワハラ」ということになり、その「言動」自体が「違法」になります。

なお、厚労省の肝いりで策定された「カスハラ対策企業マニュアル」においては、前述のとおり、「カスタマーハラスメント（カスハラ）」を「顧客等からのクレーム・言動のうち、当該クレーム・言動の要求の内容の妥当性に照らして、当該要求を実現するための手段・態様が社会通念上不相当なものであって、当該手段・態様により、労働者の就業環境が害されるもの」（マニュアル７頁）と定義付けし、その類型を明示していますが（マニュアル８頁）、それらはいずれもパワハラに類するものとなっており、「社会通念上不相当なもの」として「違法」ということができます。

㈡　パワハラ概念（定義）の拡がり

ところで、パワハラ防止法では、パワハラを「職場において行われる優越的な関係を背景とした言動であって、業務上必要かつ相当な範囲を超え、身体的・精神的苦痛を与え又は就労環境を害するもの」と定義付けし、その行動類型として、次の6つの類型を例示として挙げています（パワハラ防止指針）。これらはいずれも、パワハラという違法なハラスメントの類型的な例示となっており、ペイハラ言動がそれに該当する場合又はそれに類する場合には違法行為として位置付けることができます。要するに、このような行為は、社会的相当性を超えてしまっており、社会的に許容されない（許されない）行為ということになるのです。

① 暴行・傷害（身体的な攻撃）
② 脅迫・名誉毀損・侮辱・ひどい暴言（精神的な攻撃）
③ 隔離・仲間外し・無視（人間関係からの切り離し）
④ 業務上明らかに不要なことや遂行不可能なことの強制、仕事の妨害（過大な要求）
⑤ 業務上の合理性なく能力や経験とかけ離れた程度の低い仕事を命じることや仕事を与えないこと（過小な要求）
⑥ 私的なことに過度に立ち入ること（個の侵害）

また、わが国のパワハラ防止法は令和元年5月29日に成立しましたが、その直後にスイス・ジュネーブの国際労働機関（ILO）で、「仕事の世界における暴力及びハラスメントの撤廃に関する条約」（ILOハラスメント禁止条約）が成立し（同年6月21日）、わが国政府もそれに賛成票を投じています。そしてその条約では、「ハラスメント」という概念を「単発的か反復的なものであるかを問わず、身体的、精神的、性的又は経済的害悪を与えることを目的とした、又は、そのような結果を招く若しくはその可能性のある一定の許容できない行為及び慣行又はその脅威」と定義し、仕事の世界における「暴力とハラスメント」を全面的に禁止し刑罰の対象としたのです。この条約では、「暴力及びハラスメント」としていることから、「ハラスメント」という言葉に「暴力」を含めず、「暴言、いじめ、嫌がらせ」という意味に使っているように思えますが、いずれにしても、暴力を含めてハラスメントを全面的に禁止し罰則の対象としています。

以上のとおり、ILOハラスメント禁止条約の「仕事の世界におけるハラスメント」には、わが国のパワハラ防止法のパワハラの定義を超える幅広いハラスメントを含むものとしており、その上で「それを罰則付きの禁止」としているのです。すなわち、世界の趨勢（トレンド）は、「仕事の世界の暴力とハラスメント」という幅広いハラスメント言動を罰則付で禁止しているのであり、世界標準においては当該ハラスメント言動が違法とされることが明らかになっています。

㈱ パワハラからペイハラの違法性を考える

以上を前提に「ペイハラの違法性」を考えてみます。

パワハラの定義に当てはまるからといってそれで直ちに違法というわけではありません【注7】。しかし、ここでいう6つの行動類型は、違法と判断された裁判例を分析して整理したパワハラ類型であり、わが国の法秩序が許容しないパワハラの行動類型であって、いずれも違法ということができます（ただし、違法性の強弱は上記㈠の①ないし⑥で相違があり、おおむね①から⑥の順番でその違法性が弱くなるといえます）。

すなわち、パワハラが違法となるかどうかの指標とされているのが上記㈠の①～⑥の行動類型なのです。そして、これらはパワハラ防止指針で整理されたものではありますが、もともとは過去の裁判例を基に整理されたものであり、上記①の行動類型については、業務の遂行に関係するものであっても、そもそも犯罪であって、「業務の適正な範囲」に含まれるとすることはできず「違法」となります。②、③については、業務の遂行に必要な行為であることは通常想定できないことから、原則として「業務の適正な範囲」を超えるものと考えられ「違法」ということになります。また、④、⑤、⑥については、業務上の適正な指導との線引きが必ずしも容易でない場合がありますが、こうした行為について何が「業務の適正な範囲を超える」かについては、「業種や企業文化の影響を受けることも多く、また、具体的な判断については、行為が行われた状況や行為が継続的であるかどうかによっても左右される部分もあるため、各企業・職場で認識をそろえ、その範囲を明確にする取組を行うことが望ましい」（パワハラ防止指針）とされています。そして、これらはいずれも合理的な理由がない限り「業務の適正な範囲」を超えており、原則的に「違法」といえます。

【注７】　甲府地裁平成30年11月13日判決では、「厚生労働省の職場のいじめ・嫌がらせ問題に関する円卓会議ワーキング・グループは、『職場のパワー・ハラスメントとは、同じ職場で働く者に対して、職務上の地位や人間関係などの職場内での優位性を背景に、業務の適正な範囲を超えて、精神的・肉体的苦痛を与える又は職場環境を悪化させる行為をいう』としている（筆者注：パワハラ防止法の施行前の事件であり、パワハラ防止指針がない頃には上記“円卓会議の報告書の定義”が使われていました）。こうしたパワハラの定義に該当する行為があっても、それが直ちに不法行為に該当するものではないと解され、それがいかなる場合に不法行為としての違法性を帯びるかについては、当該行為が業務上の指導等として社会通念上許容される範囲を超えていたか、相手方の人格の尊厳を否定するようなものであった等を考慮して判断するのが相当である」と判示しています。

以上のパワハラについての考え方を前提にする限り、ペイハラにおいても、医療者に対する患者・家族の言動が、上記の①暴行・傷害（身体的な攻撃）、②脅迫・名誉棄損・侮辱・ひどい暴言（精神的な攻撃）に該当する場合には、当然それは「違法」ということになります。また実際に、ペイハラでも①（❶暴行・傷害〔身体的な攻撃〕）や②（❷脅迫・名誉棄損・侮辱・ひどい暴言〔精神的な攻撃〕）の事態が多く見られます。しかし、③（隔離・仲間外し・無視〔人間関係からの切り離し〕）、④（業務上明らかに不当なことや遂行不可能なことの強制、仕事の妨害〔過大な要求〕）、⑤（業務上の合理性なく能力や経験とかけ離れた程度の低い仕事を命じることや仕事を与えないこと〔過小な要求〕）、⑥（私的なことに過度に立ち入ること〔個の侵害〕）については、“職場での職員間のパワハラ”において「職務の必要かつ相当な範囲か否か」という点で問題となっており、ペイハラにおいて直截的に、このような事態が起きるということはほとんどないと思われます。

むしろ、ペイハラ患者・家族によるペイハラにおいては、「❸（医療者に対する）質問等についての執拗かつ辛辣な応対要求やその強要」、「❹（それに関する）執拗なまでの付きまといや威圧・恫喝」、「❺（医療行為に対する）執拗かつ辛辣な批難や批判と責任追及」、「❻（これらの過程における）診療上の指示・指導の受入れ拒否や無視」などが見られ、上記③～⑥と比較しても、これらのペイハラ患者・家族の言動は明らかに度を越したものとなっており、社会的相当性を欠く違法なものといわざるを得ず、そのことが当該病院に対する「❼威力業務妨害」につながることも多くなっているのです。

すなわち、“職場での職員間のパワハラ”と異なり、ペイハラの場合には、①（❶暴行・傷害〔身体的な攻撃〕）、②（❷脅迫・名誉棄損・侮辱・ひどい暴言〔精神的な攻撃〕）と同様の“犯罪行為的なもの”として「❼威力業務妨害」が考えられます。威力業務妨害とは威力を用いて人の業務を妨害する犯罪行為であり（刑法233条、234条）、当該病院を困らせているペイハラ患者・家族の言動は「威力を用いた業務妨害」に該当する場合も多いと思われます（ただし、当事者である当該ペイハラ患者・家族は、そのことを全く自覚していないことが多いと思われます）。また、状況（病院からの退去を求められているのに退去しない等）しだいでは、「❽建造物侵入罪・不退去罪」（刑法130条）に該当することも考えられます。いずれにしても、ペイハラ患者・家族がこれらの犯罪に該当する行為を行えば、それだけで「違法」と判断されることになり【注８】、ペイハラ患者・家族が医療者又は医療機関に対し損害賠償責任を負うことにもなります。

【注８】　なお、ペイハラに関係しそうな刑事犯罪としては、暴行罪（刑法208条）、傷害罪（同204条）、脅迫罪（同222条）、強要罪（同223条）、威力業務妨害罪（同234条）、器物損壊罪（同261条）、建造物侵入罪・不退去罪（同130条）、名誉棄損罪（同230条）、侮辱罪（231条）、公然わいせつ罪（同174条）、強制わいせつ罪（同176条）、酩酊による公衆への迷惑行為（酒酔い防止法）、つきまとい行為（ストーカー規制法）などがあり、これらに該当するとペイハラ患者・家族の行為は違法ということになって、上記のとおり医療者等に対して損害賠償義務を負うことにもなるのです。

㋓ まとめ

以上のとおり、医療の現場で繰り広げられている❶～❽のペイハラについては、違法とされているパワハラ行為類型と比べても、その違法性において何らそん色はなく、ハラスメント行為の類型的検討においてその違法性を否定することはできないと思われます。同じ職場で繰り広げられるハラスメント言動であるにもかかわらず、“職員間パワハラ”と、“職員と患者・家族との間のペイハラ”とを別異に取り扱うことには、事業者の労働者に対する安全配慮義務・職場環境配慮義務という観点から全く合理性がありません。したがって、患者・家族に❶～❽のようなペイハラ言動があった場合には、それを違法行為（法秩序に反して許されない行為）として取り扱うことは当然のことといえます。

⑵ 違法性その２（カスハラ対策企業マニュアルに見るペイハラの違法性）

① ペイハラはカスハラの一つであり、「カスハラ対策企業マニュアル」が妥当する

ペイハラへの対処法については、従前からそのマニュアル的なものはなく、パワハラに対する対応などを参考にその対処法を考えるしかありませんでした。しかし、近時、厚労省の事業委託によって、「カスタマーハラスメント対策企業マニュアル」が策定されて発表されました（いわゆる「カスハラ対策企業マニュアル」であり、ここでは「マニュアル」と略すこともあります【注9】）。カスハラ対策企業マニュアルは、「カスタマーハラスメント対策企業マニュアル作成事業検討会」が厚労省

の委託を受けて令和４年２月に完成させたもので、厚労省のホームページに掲載されています。

本来「カスハラ」とは、“顧客等からの事業者の職員に対する自己中心的で理不尽な要求や悪質なクレームなどの迷惑行為”を指しますが、医療契約においては、患者・家族が「顧客等」、病院が「事業者」ということになります。すなわち、ペイハラの場合には、患者・家族が「顧客等」、病院の医師・看護師など病院職員が「労働者・従業員」、病院が「企業」ということになることから、病院では、“患者・家族からの病院職員に対する自己中心的で理不尽な要求や悪質なクレームなどの迷惑行為”がカスハラ（すなわち「ペイハラ」）ということになります。

したがって、カスハラ対策企業マニュアルは、カスハラの一つであるペイハラ対策にも利用できるということになるのです。そこで、本項では、企業や事業者全般に当てはまる「カスハラ対策企業マニュアル」を“患者・家族”、“病院職員”、“病院”に置き換えて検討してみました。いずれにしても、以下のペイハラの対処法を理解する上でも、また、ペイハラ対策を今後みなさんが検討していく上でも非常に参考になるものと思料します。

【注９】　カスハラ対策企業マニュアルでは、「はじめに」（１頁）において、「令和元年６月５日に女性の職業生活における活躍の推進等に関する法律等の一部を改正する法律が公布され、労働施策総合推進法等が改正されました（筆者注：いわゆる「パワハラ防止法」）。本改正により、職場におけるパワーハラスメント防止のために、雇用管理上必要な措置を講じることが事業主の義務となりました。これを踏まえ、令和２年１月には、「事業主が職場における優越的な関係を背景とし

た言動に起因する問題に関して雇用管理上講ずべき措置等についての指針」（令和２年厚生労働省告示第５号）（筆者注：いわゆる「パワハラ防止指針」）が策定され、顧客等からの暴行、脅迫、ひどい暴言、不当な要求等の著しい迷惑行為（以下「カスタマーハラスメント」）に関して、事業主は、相談に応じ、適切に対応するための体制の整備や被害者への配慮の取組を行うことが望ましい旨、また、被害を防止するための取組を行うことが有効である旨が定められたこともあり、カスタマーハラスメント対策の強化は急務であるといえます」とされ、「不当・悪質なクレームは、従業員に過度に精神的ストレスを感じさせるとともに、通常の業務に支障が出るケースも見られるなど、企業や組織に金銭、時間、精神的な苦痛等、多大な損失を招くことが想定されます。したがって、企業は不当・悪質なクレーム（いわゆるカスタマーハラスメント）に対して従業員を守る対応が求められます」として、「こうした背景を踏まえ、企業等の皆様にカスタマーハラスメント対策の必要性をご理解いただき、自主的な取組を行っていただくことを目的に本マニュアルが作成されました。より多くの企業に本マニュアルを活用していただき、カスタマーハラスメントへの対策を進めていただきたいと思います」とされているのです。そして、このことは病院等で展開されているペイハラにもそのまま妥当することになります。

②　カスハラ対策企業マニュアルにおける“ペイハラの定義”

カスハラ対策企業マニュアルでは、カスハラのことを「顧客等からのクレーム・言動のうち、当該クレーム・言動の要求の内容の妥当性に照らして、当該要求を実現するための“手段・態様が社会通念上不相当なものであって、当該手段・態様により、労働者の就業環境が害されるもの」（マニュアル７頁、下線筆者）と定義付けしています。したがって、ペイハラについても、「患者・家族からのペイハラ言動のうち、当該ペイハラ言動の要求の内容の妥当性に照らして、当該要求を実現するための手段・態様が社会通念上不相当なものであって、当該手段・態様により、病院職員の就業環境が害されるもの」と定義付けしていいはずです。

その上で、「顧客等（ペイハラ患者・家族）の要求の内容が著しく妥当性を欠く場合には、その実現のための手段・態様がどのようなものであっても、社会通念上不相当とされる可能性が高くなると考えられます。他方、顧客等（ペイハラ患者・家族）の要求の内容に妥当性がある場合であっても、その実現のための手段・態様の悪質性が高い場合には、社会通念上不相当とされることがあると考えられます」（同７頁、（　）内は筆者）と解説されています。

そして、同マニュアルでは、その具体例も示していますが、"要求内容の妥当性にかかわらず不相当とされる可能性が高いもの"として、「○身体的な攻撃（暴行、傷害）、○精神的な攻撃（脅迫、中傷、名誉棄損、侮辱、暴言）、○威圧的な言動、○土下座の要求、○継続的な（繰り返される）、執拗な（しつこい）言動、○拘束的な行動（不退去、居座り、監禁）、○差別的な言動、○性的な言動、○従業員個人への攻撃、要求」（同８頁）などを挙げていますが、これこそ病院という舞台で繰り広げられるペイハラ言動の典型なのです。

③　カスハラ対策企業マニュアルにおける"ペイハラの判断基準"

カスハラの判断基準について、マニュアルでは、上記定義を前提として、「一つの尺度としては、⑴顧客等（ペイハラ患者・家族）の要求内容に妥当性はあるか、⑵要求を実現するための手段・態様が社会通念に照らして相当な範囲であるかという観点で判断することが考えられます」（マニュアル11頁、（　）内は筆者）と説明しています。

そしてその上で、「顧客等（ペイハラ患者・家族）の主張に関して、まずは事実関係、因果関係を確認し、自社（当該病院）に過失がないか、又は根拠のある要求がなされているかを確認し、顧客等（ペイハラ患者・家族）の主張が妥当であるかどうか判断します」（同11頁（　）内は筆者）とし、さらに、「顧客等（ペイハラ患者・家族）の要求内容の妥当性の確認と併せて、その要求を実現するための手段・態様が社会通念に照らして相当な範囲であるかを確認します。例えば、長時間に及ぶクレームは、業務の遂行に支障が生じるという観点から社会通念上相当性を欠く場合が多いと考えられます。また、顧客等（ペイハラ患者・家族）の要求内容に妥当性がない場合はもとより、妥当性があってもその言動が暴力的・威圧的・継続的・拘束的・差別的・性的である場合には、社会通念上不相当であると考えられ、カスタマーハラスメント（ペイシェントハラスメント）に該当します」（同11頁、（　）内は筆者）と解説しているのです。

④　カスハラ対策企業マニュアルの基準でカスハラ（すなわち「ペイハラ」）に該当したら違法行為

以上のマニュアルの記載からすれば、その判断基準を充足し、カスハラの定義に該当する場合には、当該カスハラ（ペイハラ）は「違法行為」ということになるはずです。つまり、その判断基準の中に「要求内容の妥当性」、「その要求を実現するための手段・態様が社会通念に照らして相当な範囲か否か」がありますが、“妥当性を欠く”、“社会通念上相当性を欠く”ということは、すなわち「違法であること」を意味していると考えることができます。

⑶　違法性その３（ペイハラは患者・家族に課せられた診療協力義務に違反し違法である！）

①　診療契約における患者側の義務

診療契約は双務契約であり、医療者側に義務（最善の注意義務をもって医療を施す義務など）が課されるその一方で、患者側に対しても（治療代等の支払義務のほかに）信義則上の義務として「診療協力義務」が課されることになります。なぜならば、医療行為とは、治癒等という目的に向けて医療者側と患者側が協力し合う過程であり、医療者側は患者側の積極的な協力を得なければ最善の医療を施すことなど到底不可能だからです。したがって、医療者側と患者側との間には“信頼関係に基づく協働関係”が不可欠であって（旧厚生省検討会のインフォームド・コンセント報告書〔1993年〕)、医療者側が患者に対し最善の医療を施す義務を負担するその一方で、患者側にも、医療者側に積極的に協力すべき信義則上の義務（診療協力義務）が課せられるということになります。

この点については、神戸地判平成６年３月24日等が、「医療行為は、その性質上医師と患者の信頼関係、協働関係を基礎として行われるものであるから、患者としても誠実にできる限り正確な情報を提供すべきであり、患者が誤った情報を提供した結果、医師が診断を誤ったとしても、医学常識に照らし容易にそれが誤った情報であることが判明する場合は別として、医師の注意義務が軽減される」などと判示し、患者側にも診療協力義務の存在を認めています。

そして、診療協力義務違反の態様としては、上記神戸地判の事例で問題となった「診療に影響を与える情報の不告知や説明不十分」だけではなく、「医師・看護師などから受けた指示・指導の不遵守」、「合理的な理由のない受診の遅延」、「病院業務に支障をきたすような行為」などがあるとされています。

また、ここにいう「患者側」とは、患者本人のみを指すのではなく、患者の家族などの“診療契約上の患者の診療協力義務を補完し又は支援すべき立場にある者”も含まれます。当該患者のキーパーソンとなっている家族、身元保証人となっている家族はもちろんのこと、その他の家族も含めた当該家族が、(1)その患者の非協力を助長又は増長する場合、あるいは、(2)当該診療を妨害又は阻害することとなるような事態を招いた場合等には、当該患者が“診療契約上の診療協力義務違反”に問われることがあるとともに、当該家族も、患者の診療協力義務を補完し又は支援すべき一般的な注意義務に違反したものとして、“不法行為法上の診療協力義務違反”が認められ損害賠償責任を負うことがあるのです。

②　病院の“施設管理権の行使”に従うべき患者側の義務

病院施設の利用については、当該病院組織の長（理事長又は病院長）に“施設管理権”があり、当該病院に入通院診療が許された患者は、当然施設管理権の行使に従うべき義務を負います。また、当該患者の家族も当該病院に出入りする以上、当該患者と同様に、"当該施設管理権の行使に従うべき義務"を負うのです（つまり、当該患者も家族もともに、当該病院に対し、その施設管理権行使に従うことを約束（合意）したものとみなされます）。

そして、臨床現場における現実の当該施設管理権の行使は、当該病院組織の長から当該臨床現場の長や担当者など（主治医・病棟師長・担当看護師など）に委ねられているといえます。したがって、患者・家族には、当該病院に診療を委ねた以上は、特段の事情がない限り、病院の規則や規程あるいは社会的なルールに従って病院業務に支障をきたすことがないようにする義務、当該主治医・当該病棟師長・当該担当看護師などの指示や指導に従うべき義務が課せられている、ということになるのです。そしてこのことは、後述するとおり、多くの病院において、患者・家族に対し「患者の権利と責務」として明示するようになってきており、患者・家族自らの責務の自覚を促すようになっています。

③　患者・家族のハラスメント（ペイハラ）言動は上記①・②の義務に違反する！

以上のとおり、当該病院に通院し又は入院している患者及びその家族には、⑴患者側の医療者に対する診療協力義務により、又は、⑵当該病院の施設管理権行使に従うべき義務により、当該主治医・当該担当看護師・当該病棟師長などの指示や指導に従わなければならないのです。そして、それに違反することは「違法」ということになり、そのことによって当該病院に損害が発生した場合には、患者は診療契約上の義務違反に基づく損害賠償債務を負い、また、その家族は不法行為法上の診療協力義務違反に基づく損害賠償債務を負担する場合があります（もちろん、看護師など病院職員に直接損害を与えた場合にも不法行為による損害賠償責任を負うことになります）。

さらに、以下のような患者・家族のハラスメント行為（❶～❽のペイハラ）は、上記診療協力義務及び施設管理権に従うべき義務に著しく背反するものであって、到底許されるはずのない行為（患者やその家族の医療者に対する診療協力義務違反、当該病院施設管理権行使に従うべき義務違反）ということになります。したがって、“患者本人の場合には債務不履行責任としての損害賠償責任”、“家族の場合には不法行為法上の注意義務違反に基づく損賠賠償責任”を負うことになります。要するに、❶～❽のペイハラ言動は、患者・家族の当該病院に対する診療協力義務違反や施設管理権行使に従うべき義務違反に該当することが明らかであり、絶対に許容されることのない違法行為ということになります。

❶　暴行・傷害（身体的な攻撃）
❷　脅迫・名誉棄損・侮辱・ひどい暴言（精神的な攻撃）
❸　医療者に対する質問等についての執拗かつ辛辣な応対要求やその強要
❹　それに関する執拗なまでの付きまといや威圧・恫喝
❺　医療行為に対する執拗かつ辛辣な批難や批判と責任追及
❻　これらの過程における診療上の指示・指導の受入れ拒否や無視
❼　威力業務妨害（業務妨害罪に至らない程度のものも含む）
❽　建造物侵入罪・不退去罪に該当する行為

④　病院が掲げる「患者の権利と責務」について

みなさんの病院では、その施設内や病院のホームページなどで「患者の権利と責務」という文書を掲示していませんか。多くの病院では「リスボン宣言」などを参考にした「患者の権利」を掲示するとともに、近年では「患者の責務」が掲示されるようになっているようです。患者の人権意識の浸透とともに、一部で誤った権利意識が拡大し、医療現場で理不尽な要求やペイハラが発生するようになっていることと無関係ではありません。前記のとおり、患者・家族には診療上の義務として、診療協力義務を負い、かつ、病院の施設管理権に従うべき義務も負担しているのですから、「患者の責務」とはそのことが中心とならざるを得ません。

平成24年３月には、日本医師会が「「医療基本法」の制定に向けた具体的提言」の中で、「患者の権利」とともに、「患者の責務」として、⑴患者及び家族が良質、安全かつ適切な医療の提供に協力する義務、⑵患者が医療を受ける際に、病歴、薬歴等の健康状態に関する十分な情報を提供する義務、⑶医師、医療提供者の療養上の指導に従い、受診時や療養生活全般、対価の支払い等について医療機関が定める規則を遵守し、他の患者の療養の妨げとならないよう努める義務の“３つの義務”を法律で明示することを提言しています。

以上のとおり、医療者及び医療機関は、患者・家族に対し、「患者の責務」の履行を求めることができるのであり、一方で、患者・家族は、これに応えなければならないのであって、ペイハラ言動を繰り返すなどあってはならないことなのです。したがって、「患者の権利と責務」の宣明において、医療者及び医療機関は、医療機関の患者・家族に対する“「患者の権利」の遵守を謳う”とともに、逆に、患者・家族に対しては“「患者の責務」の履行を求める”必要があります。そして、その「患者の責務」を遵守してもらえない（ペイハラが目に余る）場合には、「警察に通報する旨」（警察介入）、「診療をご遠慮願う旨」（診療の拒絶）、「病院への立入りをお断りする旨」（立入禁止措置）、「病院を退院・退去していただく旨」（退院・退去措置）等の告知等もしておくべだと考えます。医療は、病院と患者との協働作業であり、病院と患者の信頼があって初めて成立するのですからやむを得ないことなのです。

4

カスハラ対策企業マニュアルから見る“ペイハラ対策”

(1) ペイハラ対策の必要性とそのメリット

後述するとおり、ペイハラはカスハラの“病院での一場面”にすぎませんから、カスタマーハラスメント対策企業マニュアル（カスハラ対策企業マニュアル、以下「マニュアル」）はペイハラにも参考になります。したがって、このマニュアルでの「カスタマーハラスメント対策の必要性及びそのメリット」（マニュアル13～14頁、47頁）は、以下のとおり、「ペイシェントハラスメント対策の必要性及びそのメリット」にほとんど重なることとなります。

① ペイハラによる病院・病院職員・他の患者等へのマイナス影響

マニュアルでは、カスハラ（ペイハラ）による従業員（病院職員）、企業（病院）、他の顧客等（他の患者等）への“マイナスの影響”として、以下のようなものが考えられるとされています（なお、以下の枠内の記述の（　）の記載は、病院でのペイハラを想定した筆者による書き替えです）。

【従業員（病院職員）への影響】　●業務のパフォーマンスの低下、●健康不良〔頭痛、睡眠不良、精神疾患、耳鳴り等〕、●現場対応への恐怖、苦痛による従業員（病院職員）の配置転換、休職、退職

【企業（病院）への影響】　●時間の浪費〔クレームへの現場での対応、電話対応、謝罪訪問、社内（院内）での対応方法の検討、弁護士への相談等〕、●業務上の支障〔顧客（患者・家族）対応によって他業務が行えない等〕、●人員確保〔従業員（病院職員）離職に伴う従業員（病院職員）の新規採用、教育コスト等)〕、●金銭的損失〔商品、サービスの値下げ、慰謝料要求への対応、代替品の提供等〕、●店舗、企業（病院）に対する他の顧客等（患者等）のブランドイメージの低下

【他の顧客等（患者・家族）への影響】　●来店（来院）する他の顧客（他の患者）の利用環境、雰囲気の悪化、●業務遅滞によって他の顧客等（患者・家族）がサービス（医療行為）を受けられない等

（マニュアル13頁）

要するに、「病院職員への影響としては、精神的な負担が大きく、業務のパフォーマンスが低下することをはじめ、深刻な場合には健康不良や精神疾患を招き、休職や退職につながるケースもある」ということなのです。

また、「病院としては、ペイハラ患者・家族対応に要する時

間が主な負担になっており、直接的なやり取りのみで1時間以上もかかるものをはじめ、病院内での対応方針の検討や、状況に応じて弁護士や警察といった外部との相談対応の時間を含めると相当な時間的コストを強いられることもある」ということなのです。

それ以外にも、「現場に居合わせた他の患者家族においても、業務遅滞によって医療行為が受けられないことや利用環境の悪化などの影響が考えられるとともに、病院や医療機関のブランドイメージの低下につながるということも考えられる」とされています。

カスハラ対策企業マニュアルにおける、これらの指摘は、病院現場での医療法務を長年経験してきた私としても全く同様の感想を抱くものであり（前出の長崎県医師会のアンケート結果とも符合するものになっています）、何らかの病院の対応が必要となることは明らかです。

② ペイハラ対策を講じることによる病院・病院職員・他の患者等へのプラスの影響

もっともその一方で、企業（病院）は、カスハラ（ペイハラ）への対策を講じることにより、これらカスハラ（ペイハラ）のマイナスの影響を生じさせないだけでなく、以下のような“プラスの影響”も期待できます。

【業務への影響】 ●複数名で状況を把握できるようになり、迷惑行為を迅速に確認し、対応できるようになった。●対応方法を明示することで従業員（病院職員）が働きやすくなる。●顧客（患者・家族）対応のノウハウが整理でき、経験を培うことができる。●顧客（患者・家族）対応に関連する訓練・研修の受講後は、落ち着いて対応ができるようになった。

【従業員（病院職員）への影響】　●職場環境が明るくなった、従業員（病院職員）から笑顔が出るようになった。●会社（病院）としてカスタマーハラスメント（ペイハラ）に対する姿勢を示したことで従業員（病院職員）の安心感が生まれた。

【職場環境への影響】　●会社（病院）にとって好ましくない客（患者・家族）が、来にくくなった。●迷惑行為をする人が少なくなり、職場環境がよくなった。

（マニュアル47頁）

上記以外にも、取組を進めることで得られる副次的な効果として、「病院職員を守ることを行動で示す大事さを病院組織として再認識できる」、「人材の確保が難しい中、ペイハラ対策等により職場環境をよくすることで離職者を減らすことにつながる」といった意見もあるようです。

以上のように、病院においても、ペイハラ対策を進めることで、プラスの効果が期待でき、ペイハラ対策に取り組む意義は大きいと考えられます。

⑵ パワハラ防止指針で求められるペイハラへの“病院の取組”と、その法的責任

① パワハラ防止指針で求められるカスハラ（ペイハラ）に対する取組

カスハラ対策企業マニュアルでは、「パワハラ防止法に基づき厚労省が告示したパワハラ防止指針においては、以下のように、事業者である病院は、患者・家族の著しい迷惑行為によって、雇用する病院職員の就業環境が害されないよう、相談対応体制や被害者への配慮のための取組を行うことが望ましく、また、被害防止のための取組を行うことが有効である」（筆者による病院の場合の書き替え）と定めています。

そしてその上で、「病院が…患者・家族からの著しい迷惑行為に関し行うことが望ましい取組」（マニュアル16頁）として、次のような説明をしています。

> 事業主（病院）は、……顧客等（患者・家族）からの著しい迷惑行為（暴力、脅迫、ひどい暴言、著しく不当な要求等）により、その雇用する労働者（病院職員）が就業環境を害されることのないよう、雇用管理上の配慮として、例えば、以下のような取組を行うことが望ましい。
> ⑴ 相談に応じ、適切に対応するために必要な体制の整備
> ⑵ 被害者への配慮のための取組（被害者のメンタルヘルス不調への相談対応、著しい迷惑行為を行った者に対する対応が必要な場合に一人で対応させない等の取組）

(3)　……顧客等（患者・家族）からの著しい迷惑行為による被害を防止するための取組（マニュアルの作成や研修の実施等、業種・業態等の状況に応じた取組）

（マニュアル16頁）

②　ペイハラに関する病院の法的責任

パワハラ防止法ではカスハラ（ペイハラ）対策について何ら具体的に触れるところがありません。また、パワハラ防止指針においても、上記のとおり、事業者（病院）が労働者（病院職員）の“雇用管理上の配慮”として「取り組むことが望ましい事項」としているにすぎず、それが「講ずべき措置」（労働行政上の責務）とまではされていないのです。すなわち、これらの取組が「事業者（病院）の配慮義務」にすぎず、「講ずべき措置」（措置義務）とはされていないことから、事業者（病院）にとっては法的な意味での労働行政上の責務・責任とまではいえないようにも思えます。

しかし、だからといって、事業者の法的責任が軽いなどとは考えない方がよいと思われます。つまり、パワハラ防止法・パワハラ防止指針におけるカスハラ対応についての言及は、あくまでも“労働行政”におけるものであって、民事上の権利義務関係については訴訟上違った取扱いがなされる可能性が高くなり、このような措置を講じなかったことによる民事上の損害賠償責任を負う可能性があります。

カスハラ対策企業マニュアルでは、そのことを以下のように指摘しています。すなわち、「企業及び事業主（病院）として適切な対応をしてない場合、被害を受けた従業員（病院職員）

から責任を追及される可能性があります」とし、「以下の事例は、保護者による教諭に対する理不尽な言動があった際に、当該教諭の管理監督者である校長に賠償責任が追及された事例です」（マニュアル17頁）。つまり、ペイハラ事例で言えば、「患者・家族による医師・看護師など病院職員に対する理不尽な言動があった際、病院が適切な対応をしていない場合に、当該病院職員から医療機関や管理監督者である院長に賠償責任が追及された事例」ということになります。そして、このマニュアルでは、以下のとおり２つの裁判例を紹介しています。

裁判例①　【カスタマーハラスメントに対して不適切な対応をとったことで賠償責任が認められた事例】

市立小学校の教諭が児童の保護者から理不尽な言動を受けたことに対し、校長が教諭の言動を一方的に非難し、また、事実関係を冷静に判断して的確に対応することなく、その勢いに押され、専らその場を穏便に収めるために安易に当該教諭に対して保護者に謝罪するよう求めたことについて、不法行為と判断し、小学校を設置するＡ市及び教員の給与を支払うＢ県は損害賠償責任を負うと判断されました。（甲府地判平成30年11月13日より要約【注10】）

（マニュアル17頁）

【注10】　甲府地裁平成30年11月13日判決では、「原告は、犬咬み事故に関しては、全くの被害者であり、被害に遭ったことについて原告に何らかの過失があったともいえない。そして、動物の占有者は、動物の種類及び性質に従い相当の注意をもってその管理をしていたものでな

い限り、その動物が他人に加えた損害を賠償する責任を負うものであるところ（民法718条１項)、本件犬の占有者・管理者とみられる本件児童の保護者が本件犬の種類及び性質に従い相当の注意をもってその管理をしていたことをうかがわせる事情もないから、原告が本件犬の占有者・管理者としての本件児童の保護者に対して犬咬み事故による損害の賠償を求めたとしても、権利の行使として何ら非難されるべきことではない｣､「それにもかかわらず、Ａ校長は、原告を一方的に非難したものであって、この行為は、原告に対し、職務上の優位性を背景に、職務上の指導等として社会通念上許容される範囲を逸脱し、多大な精神的苦痛を与えたものといわざるを得ない｣､「Ａ校長は、本件児童の父及び祖父と面談した際、本件児童の父と祖父の言動や原告に対する謝罪の要求が理不尽なものであったにもかかわらず、原告に対し、その場で謝罪するよう求め、原告の意に沿わず、何ら理由のない謝罪を強いた上、さらに、翌朝に原告一人で本件児童宅を訪問して本件児童の母に謝罪するよう指示したものである。…しかし、客観的にみれば、原告は犬咬み事故の被害者であるにもかかわらず、加害者側である本件児童の父と祖父が原告に怒りを向けて謝罪を求めているのであり、原告には謝罪すべき理由がないのであるから、原告が謝罪することに納得できないことは当然であり、Ａ校長は、本件児童の父と祖父の理不尽な要求に対し、事実関係を冷静に判断して的確に対応することなく、その勢いに押され、専らその場を穏便に収めるために安易に行動したというほかない。そして、この行為は、原告に対し、職務上の優越性を背景とし、職務上の指導等として社会通念上許容される範囲を明らかに逸脱したものであり、原告の自尊心を傷つけ、多大な精神的苦痛を与えたものといわざるを得ない」と判示しています。

裁判例②　**【事業者が顧客トラブルへの対応を十分行っていたことで賠償責任が認められなかった事例】**

> 買い物客とトラブルになった小売店の従業員が、会社に対し、労働者の生命、身体等の安全を確保しつつ労働することができるよう必要な配慮を欠いたとして、損害賠償請求を求めました。それに対し、被告会社は、誤解に基づく申出や苦情を述べる顧客への対応について、入社時にテキストを配布して苦情を申し出る顧客への初期対応を指導し、サポートデスクや近隣店舗のマネージャー等に連絡できるようにして、深夜においても店舗を２名体制にしていたことで、店員が接客においてトラブルが生じた場合の相談体制が十分整えられていたとし、被告会社の安全配慮義務違反は否定されました。（東京地判平成30年11月２日より要約）

（マニュアル17頁）

以上のとおり、パワハラ防止指針では、「雇用契約上の配慮として」とか、「行うことが望ましい取組」などと表現し、あたかも法的義務まではないかのように表現していますが、実際の民事裁判になると、そうはいかないことが多いのです。

せめて、パワハラ防止指針で指摘する「行うことが望ましい措置」くらいの具体的な対処はしておかないと、上記裁判例①のような結論（病院の責任が認められること）になりかねません。裁判例②を見てもらうとわかると思いますが、この事案では、⑴誤解に基づく申出や苦情を述べる顧客への対応について、入社時にテキストを配布して苦情を申し出る顧客への初期対応を指導し、⑵サポートデスクや近隣店舗のマネージャー等に連絡できるようにし、(3)深夜においても店舗を２名体制にしていたことで、「店員が接客においてトラブルが生じた場合の相談体制が十分整えられていた」と判断され、当該事業主の安全配慮義務違反が否定されたのです。

要するに、カスハラ対策企業マニュアルで指摘されているペイハラ対応や労働者（病院職員）への対応をとっておかないと、それをしなかったことによる労働者（病院職員）の被害については病院側が負担せざるを得ないこともあるということなのです。いずれにしても、病院職員に対するペイハラの放置は、病院職員に対する安全配慮義務・職場環境配慮義務が問われ、その責任が問われる可能性があります。

5

ペイハラへの対処法

　ここでは、患者・家族からのペイハラについての“医療機関側・医療者側の対処法”を、医療の現場（医師、看護師その他のコ・メディカル、事務職者）に提案するものとなっていますが、前述したとおり、「ペイハラ」が“病院組織全体で対処すべき問題”であることからすれば、ここで提案する対処法は、臨床現場だけで利用すべきものではありません。“病院長など病院幹部を含めた病院組織全体”がそれを理解して、医師・看護師などコ・メディカル、事務職員などのペイハラ処理担当者を「後方支援」するためにも利用しなければ、その意味が半減します。そのような視点をもって、以下のとおり、ペイハラへの対処法を説明します。

⑴　ペイハラのタイプを考える

①　２つのタイプ（タイプⅠ、Ⅱ）と３つの区分（タイプⅠ、タイプⅡａ、Ⅱｂ）

　いままで「モンスター」と呼ばれた患者・家族を見ると、おおまかにいって、いわば（後天的に）「育てられたモンスター」（タイプⅠ）（“医療者側が育ててしまったペイハラ患者・家族”のことです。以下「育てられたペイハラ患者・家族」ということがあります）と、（生来的な）「不可逆的モンスター」（**タイプⅡ**）（以下「不可逆的又は生来的なペイハラ患者・家族」ということがあります）の２つに分けることができそうです（なお、“生来的”とか、“不可逆的”などという表現については、もう少し適切な表現があるのかもしれませんが…）。

タイプⅠの「育てられたペイハラ患者・家族」とは、〇医療者の診療過程（医療行為及び医療外行為）における大小の過誤やミス、〇そのことについてのペイハラ患者・家族の誤解、〇コミュニケーションの欠如、〇不十分なインフォームド・コンセント、〇事後的な説明不足、〇医療者の対応の拙さ（まずさ）等によって徐々に医療者にとって扱いにくい不都合な存在となっていった患者・家族のことです。もっとも、これが育ち過ぎて巨大化し、タイプⅡの領域にまで至る場合もあります。

一方、**タイプⅡ**の「不可逆的又は生来的なペイハラ患者・家族」とは、ａ．パーソナリティ障害などメンタルヘルス的問題を抱えた患者・家族（**タイプⅡａ**）、ｂ．反社会的な性格の患者・家族（**タイプⅡｂ**）などを意味します。このような不可逆的又は生来的なペイハラ患者・家族については、直ちに、⑴精神科疾患としての治療的対応、⑵弁護士等の協力を得た法的対応、⑶警察の協力を得た強制的対応が必要になる場合も多くなります。

この２つのタイプをきちんと判別することは非常に重要なことであり、この２つのタイプでは、医療側の対処の仕方が異なることが多くなります。したがって、最初の段階で、この２つのタイプをできるだけ正確に区別できるようにすることが肝要です。

②　コミュニケーション不足により育てられたペイハラ患者・家族（タイプⅠ）

しかしその多くは、「ごく普通の患者・家族」が医療者との些細な意思疎通のすれ違いのために小さな不満が蓄積して大きくモンスター化してしまった患者・家族（タイプⅠの「育てられたペイハラ患者・家族」）なのではないでしょうか。“普通の患者・家族でも何らかの原因でモンスター化すること”は一般によくあることであり、このような人たちに最初から、「モンスターペイシェント（怪物患者）」として不可逆的ペイハラ患者・家族など（パーソナリティ障害系のペイハラ患者・家族や反社会的ペイハラ患者・家族）と同様の取扱いをすることは危険過ぎますし、ますます巨大なモンスターに育て上げるだけのことだと思います。そして、育てられたペイハラ患者・家族との信頼関係の破綻原因は、その多くが意思疎通の欠如にあり（ぞんざいな言葉遣い、不親切な態度・説明、患者への配慮を欠いた私語など、どちらかというと医療者側に責任のある事情がその要因）、基本的には、コミュニケーションが不足しており、医療者側によるインフォームド・コンセント等が十分に実践されてこなかった結果ということが多いようです。したがって、そのことを検証し、再度その患者・家族との間の信頼関係を再構築することが医療者側に求められます（インフォームド・コンセント、コミュニケーション関係の再構築による「信頼関係の巻き戻し」）。

このような対応をせざるを得ない「育てられたペイハラ患者・家族」を「モンスター（怪物）」と呼ぶことはできません。また、当該医療者が安易にそう呼ぶことは、信頼関係の修復など望むべくもない状況に自らを追い込み、信頼関係の再構築を不可能にしてしまうともいえます。ここではやはり、モンスターペイシェントの紛争実態が“患者・家族からの医療者に対するハラスメント言動”であることを重視し、患者・家族を「怪物」呼ばわりしないで、「ペイシェントハラスメント」（ペイハラ）と呼ぶべきではないでしょうか。「モンスター（怪物）」という言葉を捨て、「ペイシェントハラスメント（ペイハラ）」と呼称することによって、問題行動の相手方に対しても、「あなたの言動は、“違法なハラスメント”（いじめ・嫌がらせ等）に当たるのですよ」、「違法なことは止めていただかないと治療ができなくなりますよ」（診療の拒絶）等とたしなめながら、話し合いを始めることができるようになるはずです。

③　あくまでも“患者は患者”として対応する

「怪物患者」、モンスターペイシェントはそういう意味になります。医療者は、「怪物」と呼ばれるような人（患者・家族）との間ではコミュニケーションを図ることも、医療行為について話し合う（協議）こともできるとは思えません。しかし、モンスターペイシェントと呼ばれてはいても“患者は患者”なのです。まずは、「患者とその家族」という前提で医療行為を行い、それを前提としてペイハラ患者・家族との様々のトラブルに対処することが医療者としての臨床実務的な責務といえます。もちろん、医療者のみでの対処が不可能なペイハラ患者・家族がいることも否定しません。しかしそれでも、まずは“原則と例外”を峻別した上で物事に臨む必要があり、その医療行為の相手方を最初から「モンスター（怪物）」と呼んでしまっては、治療も何もその先に進むことはできません。

⑵　ペイハラへの組織的対応

①　病院組織としての態勢（体制）の在り方

病院組織としての態勢（体制）の在り方を考えるときに最も重要なことは、

> **⑴　常に職員を守ることを最大目的とし、**
> **⑵　常に病院組織で対応し、**
> **⑶　常に複数で対応させること！**
> **⑷　常に職員に“患者・家族には診療協力義務があること”を意識させること！**

ということになります。いわば**“ペイハラ対応４原則”**ともいうべきものです【注11】。

これが一つでも欠けると短期的にも長期的にもペイハラ対応が成功することはないものと思われます。いずれにしても、ペイハラ対応には「こうしたら、必ずペイハラが解決する」などという絶対的な正解・正答はありませんが、ペイハラ対応の４原則を欠くとほぼその解決はおぼつかないといえます。特に、⑴の「ペイハラ患者・家族から職員を守ること」ができない病院組織は、看護師や担当職員などのスタッフから安全配慮義務・職場環境配慮義務違反を理由として訴えられることもあるでしょうし、また、病院職員（特に「看護師」）から見捨てられる（看護師が退職していく）ことも考えられ、医療関係の人材がますます乏しくなっているわが国においては、病院組織にとって由々しき問題となってきます。

以上のことをより具体的に理解していただくために、次のとおり、いくつかの項目に分けて説明します。

【注11】 A病院では、病院組織としての対応をするために、その秩序維持管理規程において、「院長は、病院における秩序の維持に関し、診療を受ける者及び関係者に対して周知徹底を図るとともに、暴力・暴言・セクハラなどにより業務に支障を生じさせる行為等を行い病院内の秩序を乱す者に対しては、退院（退去）勧告又は診療拒否に関する注意を行うなど、適切な指導をしなければならない」と規定し、病院長に対しペイハラ患者・家族への適切な指導を求めています。すなわち、これは逆にいえば、院長の病院職員への約束事であり、“病院は職員を守ることが第一”を具現化し、“病院組織の後方支援”を明確にしたものであって、病院職員の“病院組織に対する信頼”の裏付けとなっています。このことによって、A病院では「病院の組織的対応」を実現していくことにしています。

❶ 病院は「職員を守ることが第一！」という方針で組織的に対応する必要があること

㈀ 職員のメンタルヘルスケア

「職員を守ることが第一！」ということについては、病院には職員に対する安全配慮義務・職場環境配慮義務が課されていることから、事業者としての病院としては当然のことといえます【注12】。この点は非常に重要なことであり、この視点を忘れたペイハラ対策などあり得ません。

そしてそこでは、「暴言・暴力・セクハラから職員の安全を確保する」という意味だけではなく【注13】、「心の傷を癒すというメンタルヘルスケア」も含めて「職員を守る」ということを意味します【注14】。過重な精神的ストレスとなっている担当者は速やかにその担当から外して他の職員と交代させ、担当者から外した当該職員に対しては労働衛生としてのメンタルヘルス対応を行うことが求められます。看護師などのスタッフ職員には、必要以上に責任感をもって対応する者も多いことから、メンタルヘルスケアの実施（早期の担当替え、心療内科等での受診等）に躊躇しないことが求められます。このような配慮をすることなく、当該担当者がメンタルヘルスを害した（うつ病等にり患した）場合には、労災問題にもなりかねず、病院を運営する当該医療機関が当該担当者から損害賠償請求を受けることも考えられます（東京地裁平成25年２月19日判決【注15】）。

【注12】　カスハラ対策企業マニュアルでは、「従業員（病院職員）がカスタマーハラスメントの被害を受けた場合、速やかに被害を受けた従業員（病院職員）に対する配慮の措置を行う必要があります。対応すべき事項として、従業員（病院職員）の現場での安全確保や従業員（病院職員）の精神面への配慮があります」（38頁）とされています。

【注13】　また、同マニュアルでは、「従業員の安全の確保」として、「顧客等（患者・家族）が、殴る、蹴る、物を投げるといった暴力行為や身体に触るといったセクハラ行為を行ってくる場合、従業員（病院職員）の安全確保を行わなければなりません。具体的には、現場監督者（師長、主治医など）が顧客（患者・家族）対応を代わり、顧客等（患者・家族）から従業員（病院職員）を引き離す、状況に応じて、弁護士や管轄の警察と連携を取りながら、本人の安全を確保する等の対応があります」（38頁）としてその配慮を求めています。

【注14】　さらに、同マニュアルでは、「精神面への配慮」として、「顧客等（患者・家族）からの言動により、従業員（病院職員）にメンタル

ヘルス不調の兆候がある場合、産業医や産業カウンセラー、臨床心理士等の専門家に相談対応を依頼してアフターケアを行う、または専門の医療機関への受診を促します。その他、定期的にストレスチェックを行う等、従業員（病院職員）の状況を確認し、問題がある場合は産業医への相談を促す等、従業員（病院職員）の心の健康の保持増進を図ることが求められます」（38頁）としてその配慮を求めています。

【注15】　東京地裁平成29年２月19日判決では、病院の職場において、看護師が認知症患者やせん妄患者からの暴行を受け休職したことについて、病院の安全配慮義務違反の有無が争点となっています。もちろん、認知症患者やせん妄患者が加害者の場合については、ペイハラ患者・家族が加害者の場合とは状況が異なりますが、病院の事業者として負う安全配慮義務違反の点は同様に考えることができます。

そして、この判決では、「Ｙ病院としては、そのような不穏な患者による暴力行為があり得ることを前提に、看護師全員に対し、ナースコールが鳴った際、（患者が看護師を呼んでいることのみを想定するのではなく）看護師が患者から暴力を受けている可能性があるということを念頭に置き、自己が担当する部屋からのナースコールではなかったとしても、直ちに応援に駆け付けることを周知徹底すべき注意義務を負っていたというべきである」、「Ｙ病院は、看護師Ｘの対応も悪く、入院患者からの暴行を誘発した等と主張するが、本件事故当時、院内全体において入院患者からの暴行があり得ることを前提に、何らかの具体的措置を講じていなかったのであるから、このような緊急時における個々の看護師の対応の巧拙を過度に強調することには問題があると言わざるを得ない」と判示しています。

(イ)　基本方針の明示

ペイハラ言動から「職員を守ることが第一」という趣旨を実

現するためには、病院長などの病院幹部は、病院職員に対しその旨を明確化して周知・啓発をする必要があり、そして、それが非常に重要なこととされています。

例えば、カスハラ対策企業マニュアルでは、従業員に対する（ペイハラに関する）「基本方針・基本姿勢」の例を掲載していますが、病院が「ペイハラに対する基本方針・基本姿勢」を明らかにするときに参考になります（病院の基本方針については、以下の「弊社」を「当院」に、「お客様」を「患者さんやご家族」に、「従業員」を「当院職員」に書き直して使ってください）。

■基本方針の例

> 弊社は、お客様に対して真摯に対応し、信頼や期待に応えることで、より高い満足を提供することを心掛けます。
>
> 一方で、お客様からの常識の範囲を超えた要求や言動の中には、従業員の人格を否定する言動、暴力、セクシュアルハラスメント等の従業員の尊厳を傷つけるものもあり、これらの行為は、職場環境の悪化を招く、ゆゆしき問題です。
>
> わたしたちは、従業員の人権を尊重するため、これらの要求や言動に対しては、お客様に対し、誠意をもって対応しつつも、毅然とした態度で対応します。
>
> もし、お客様からこれらの行為を受けた際には、従業員が上長等に報告・相談することを奨励しており、相談があった際には組織的に対応します。

（マニュアル21頁）

すなわち、病院として、ペイハラに対する基本方針や姿勢を明確にすることにより、病院が職員を守り尊重しながら業務を進めるという安心感が病院職員に育まれることとなります。また、病院の姿勢が明確になることによって、ペイハラを受けた病院職員も周囲の職員も、トラブルの事例や解消に関して発言がしやすくなり、その結果、トラブルの再発を防ぐことにもつながります（マニュアル20頁）。

(ウ)　病院内の秩序維持管理規程

以上のようなペイハラに対する病院の基本方針を病院内規程（あるいは病院内マニュアル）という形にすることも考えられます。A病院は、平成26年に「A病院における秩序維持管理規程」を制定して、A病院がペイハラに病院組織として取り組むことを規程化し、その基本方針や基本姿勢を宣明しています。同様に、これからの病院は、次頁資料のような院内秩序維持管理規程を置くことによって、ペイハラに対する病院の基本方針や基本姿勢を明らかにし、具体的な措置行為を定めるべきではないでしょうか。このことによって病院職員は病院組織を信頼し、安心して業務に携わることができるのではないでしょうか。

■A病院における院内秩序維持管理規程

（●●病院）

●●病院における秩序維持管理規程

（前文）

●●病院（以下「当院」といいます。）は、患者に対して真摯に対応し、その信頼や期待に応えることで、より質の高い医療を提供しようと心掛けています。しかしその一方で、ごく一部ではありますが診療を受ける患者及び家族その他の関係者（以下「患者・家族等」といいます。）からの常識の範囲を超えた要求や言動（以下「不当な要求や言動」といいます。）が見られることがあり、その中には、当院の病院職員や他の患者・家族等の人格を否定する言動、暴力・セクシュアルハラスメント（以下「セクハラ」といいます。）等の人の尊厳を傷つけるものもあって、これらの行為は、当院の職場環境や診療環境の悪化を招いており、ゆゆしき問題となっています。

当院は、病院職員や他の患者・家族等の人権を尊重し擁護するため、これらの患者・家族等からの不当な要求や言動に対しては、毅然とした態度で対応していきます。もし病院職員や他の患者・家族等が、これらの不当な要求や言動を受けた際には、当院の組織をあげて対応していくこととといたします。

よって、当院は、あらゆる患者に対しより質の高い医療と診療環境を提供し、病院職員や他の患者・家族等の人権を守るために、患者・家族等からの不当な要求や言動にかかる暴言・暴力・セクハラなどのハラスメントについて、以下のとおり、病院内の秩序維持管理規程を制定いたします。

なお、本規程における「ハラスメント」とは、病院内の秩序を乱す患者・家族等が、病院職員や他の患者・家族等を不快にさせたり、不利益を与えたり、尊厳を傷つけたり、脅威を与えたり、暴言を吐いたり、暴力を振るおうとしたり又は振るったり、あるいは性的言動をとったりすることをいいます。

(目的)

第1条　この規程は、当院における病院内秩序維持に関し必要な事項を定めることにより、適正かつ円滑な病院内管理と病院運営を図ることを目的とする。

(病院内の秩序維持措置)

第2条　院長は、病院内における秩序の維持に関し、患者・家族等に対し、本規程の趣旨及びその内容を周知しその徹底を図るものとする。

2　院長は、暴言・暴力・セクハラなどのハラスメントにより当院の業務に支障を生じさせる行為を行い病院内の秩序を乱す患者・家族等に対して、適切な指導をしなければならない。

(ハラスメント言動の是正勧告)

第3条　院長及び病院職員は、病院内における秩序の維持に必要と判断した場合には、ハラスメント言動を繰り返して秩序を乱す患者・家族等に対し、当該言動の中止などその是正を口頭で勧告することができる。

2　院長は、前項の是正勧告を書面で行うことができる（様式第1号－１）。

3　第１項の口頭での是正勧告をした病院職員は、その後速やかに、院長に対し、その旨の報告をするものとする。

（退院・退去又は診療拒否等の勧告）

第４条　院長は、前条の是正勧告後において、必要があると認める場合は、前条の秩序を乱す患者・家族等に対して、退院・退去勧告又は診療拒否に関する注意（勧告）を行い、退院・退去勧告書又は診療拒否に関する注意書を交付するものとする（様式第２号－１、様式第２号－２）。

（退院・退去の命令及び診療拒否の措置）

第５条　院長は、次の各号のいずれかに該当する者に対して、退院・退去を命じ又は診療を拒否することができる。

⑴　入院又は診療の必要がないと認める患者

⑵　第３条第２項の規定に基づく書面による是正勧告に従わず、ハラスメントにより業務に支障を生じさせる行為を行うなど病院内の秩序を著しく乱す患者・家族等

⑶　病院職員や他の患者・家族等に危害を及ぼし又は迷惑を及ぼし、院内の秩序を著しく乱す患者・家族等

⑷　正当な理由がなく、長期間にわたり診療に要した費用を滞納した者

2　院長は、前項に該当する者に対して、退院・退去命令書又は診療拒否に関する措置書を交付することができる（様式第３号－１、様式第３号－２）。

（警察への通報）

第６条　院長は、前条１項(2)(3)に該当する場合であって、病院職員や他の患者・家族等の身体に危害を及ぼす恐れがある場合、あるいは、前条２項の書面による退去命令に従わない場合には、警察に通報してその介入を求めることができる（以下「警察への通報等」といいます。）。

2　病院職員は、病院職員や他の患者・家族等の身体に危害を及ぼす恐れがあり、かつ、院長の指示を仰ぐ時間的余裕がない場合には、前条の警察への通報等を院長に代わって行うことができる。但し、当該病院職員は、警察への通報後速やかに院長に報告しなければならない。

（損害賠償）

第７条　院長は、故意又は過失により病院の建造物又は設備を亡失又はき損した者に対して、その亡失又はき損した物件の相当代価を弁償させることができる。

2　院長は、前項の弁償をすべき者が患者であり、しかも、それが故意又は重大な過失に基づく場合には、当該患者の診療を拒否することができる。但し、その場合には、第５条２項の書面を交付することとする。

（補則）

第８条　この規程に定めるもののほか、この規程の実施に関し必要な事項は、別に定める。

附則

この規程は、令和　年　月　日から施行する。

様式第１号－１（規程第３条第２項関係）

第　　　　号

令和　年　月　日

言動の是正に関する勧告書

（住　所）

（氏　名）　　　様

●●市●●町●番●号

●●病院

院長（氏名）

「●●病院における秩序維持管理規程」第３条第２項に基づき、下記により言動の是正を勧告します。

記

是正勧告の理由

《記載例》

令和　年　月　日において、本院の○○医師（看護師など）に対して、業務に支障を生じさせ、病院内の秩序を乱す言動が行われるなど、病院との信頼関係の維持及び良好な医療の提供が困難となったため。

様式第２号－１（規程第４条関係）

第　　　　号

令和　年　月　日

退院（退去）に関する勧告書

（住　所）

（氏　名）　　　　様

●●市●●町●番●号

●●病院

院長（氏名）

「●●病院における秩序維持管理規程」第４条に基づき、下記により退院（退去）を勧告します。

記

退院（退去）勧告の理由

《記載例》

令和　年　月　日において、本院の○○医師（看護師など）に対して、業務に支障を生じさせ、病院内の秩序を著しく乱す暴力行為が行われるなど、病院との信頼関係の維持及び良好な医療の提供が困難となったため。

様式第２号－２（規程第４条関係）

第　　　　号

令和　年　月　日

診療拒否に関する注意書

（住　所）

（氏　名）　　　　様

●●市●●町●番●号

●●病院

院長（氏名）

「●●病院における秩序維持管理規程」第４条に基づき、下記により注意します。

なお、今後改善がなされない場合においては、相当の措置を行うこととしますので申し添えます。

記

診療拒否に関する注意の理由

《記載例》

令和　年　月　日において、本院の○○医師（看護師など）に対して、業務に支障を生じさせ、病院内の秩序を著しく乱す暴力行為が行われるなど、病院との信頼関係の維持及び良好な医療の提供が困難となったため。

様式第３号－１（規程第５条第２項関係）

第　　　　号

令和　年　月　日

退院（退去）命令書

（住　所）

（氏　名）　　　　様

●●市●●町●番●号

●●病院

院長（氏名）

「●●病院における秩序維持管理規程」第５条第２項に基づき、下記により退院（退去）を命じます。

記

退院（退去）命令の理由

《記載例》

令和　年　月　日において、本院の○○医師（看護師など）に対して、業務に支障を生じさせ、病院内の秩序を著しく乱す暴力行為が行われるなど、病院との信頼関係の維持及び良好な医療の提供が著しく困難となったため。

様式第３号－２（規程第５条第２項関係）

第　　　　号
令和　年　月　日

診療拒否に関する措置書

（住　所）
（氏　名）　　　　様

●●市●●町●番●号
●●病院
院長（氏名）

「●●病院における秩序維持管理規程」第５条第２項に基づき、下記により診療拒否に関する措置を行います。

記

診療拒否に関する措置の理由

《記載例》
令和　年　月　日において、本院の○○医師（看護師など）に対して、業務に支障を生じさせ、病院内の秩序を著しく乱す暴力行為が行われるなど、病院との信頼関係の維持及び良好な医療の提供が著しく困難となったため。

❷ 常に病院組織として対処法を検討し、具体的な案件についても病院組織の問題として対処して、ペイハラ患者・家族に対しては常に複数人で対応すること

上記のとおり、病院組織としては、(1)“常に職員を守ること”を最大目的とする以上、(2)“常に病院組織で対応”し、(3)“常に複数で対応すること”が必要になります。逆に言えば、(2)(3)を充たさない病院組織に(1)の最大目的の達成など考えられないのです。そのことを念頭に置いて、以下の２つの視点をもう一度考えてみてください。

(ア) 病院組織による後方支援の重要性

「職員を守ることが第一」ということになりますから、臨床現場においてペイハラ患者・家族と対峙し神経をすり減らしているペイハラ担当者にとって「病院組織の後方支援」が必要不可欠ということになります。後方支援を十分に実施していない病院組織のペイハラ担当者が目に見える成果を上げることなど至難の業です。そして、それ以上に懸念されることは「当該担当者自身が神経をすり減らし、それこそメンタルヘルスを害して退職していく」という事態に陥ることなのです。

ペイハラ担当者は、“病院組織の後方支援がある”と信じられてこそ、ストレスの溜まるペイハラ患者・家族と対峙することができるのであり、この病院組織に対する信頼感を欠くと、ペイハラ担当者の対応は弱腰で消極的なものとならざるを得ません。そしてそのことが逆に、ペイハラ患者・家族を高慢にし、ますます増長させることになります。そしてあるいは、ペイハラ担当者の消極的な姿勢に激しく感情を爆発させることもあります。いずれにしても、ペイハラ担当者は、「病院組織に

対する信頼」（何か対処できないことが起きても“病院組織が対応してくれる”、“病院が助けてくれる”という思い）を糧に、ペイハラ患者・家族に対応しない限り、目に見える成果を上げることなどできるはずもないのです。

その意味では、ペイハラ担当者のペイハラ対応の情報が当該病院の病院長・副院長など病院幹部に直接伝わるような体制（例えば、A病院のようにペイハラ担当部署の病院長直属体制など）をつくる必要があります。「病院組織としての対応」を原則とする限り、当該事案の状況が適時、当該病院の病院幹部に報告されなければならず、そうでなければ他の職員たちがペイハラ担当者の指示に従うはずもなく、また、病院としての即決の判断も困難となります。

(イ)　複数人対応の必要性

ペイハラ患者・家族に対しては、ペイハラ担当者が複数で対応する必要があります。ペイハラ患者・家族への対応は、身体的にも精神的にも通常とは比べものにならないくらいのエネルギーを使い精神的なストレスを溜めてしまう作業であり、その作業にわずか一人の職員で対応しようとするのはそもそも無理な話というべきなのです。

ここでは「担当者の複数人での対応」といっていますが、それは具体的な各場面において２人が妥当な場合もあれば、３人又はそれ以上の人数が必要な場合もあります。相手に威圧感を与えない方がよい場面においては２人が妥当であり（もちろん、このような場合であっても単独での対応は避けるべきです）、また、少し相手に威圧感を与えたい場合や、２人での対応では困難と判断した場合等には、３人以上での対応が望ましい場面もあります。さらに、暴力に至ることが危惧される場合においては、３人又はそれ以上の人数で対応しなければならないことも考えられ、それぞれの場面ごとに考える必要があります。

いずれにしても、よほどの事情がない限り、単独（１人）での対応は避けるべきであり、複数人対応を原則とすべきです（もっとも、初回の又は突然のペイハラ行為等については、単独での対応を余儀なくされることになると思われますが、その後は速やかに複数対応の態勢を整えるべきです）。また、一般にクレーム対応には経験が必要ともされており、ペイハラ担当者の中に、この種の対応に比較的慣れている経験豊富な職員を少なくとも１人でも当てることができれば、比較的スムーズな対応が可能となります。

ペイハラ患者・家族に対する対応については、カスハラ対策企業マニュアルでも、「顧客等（ペイハラ患者・家族）への対応は、基本的には複数名で対応し、対応者を一人にさせない、行為が深刻な場合は一次対応者（例えば「看護師」）に代わって現場監督者（例えば「看護師長」）が対応する等、従業員の安全にも配慮する必要があります」（マニュアル25頁）としており、この種のハラスメント対策の大原則ということになっています。

❸　現場のペイハラ担当者（担当の看護師、事務職員、保安員等）のみに任せっきりにせずに、担当者以外のバックアップ体制（態勢）を構築し、常に病院組織において協議を重ねながら、一つひとつの対応を病院組織として判断していくこと

ペイハラ事案において、ペイハラ担当者に任せっきりにする

ことは、当該担当者を孤立させることを意味します。それは、ペイハラ担当者を状況的に孤立させることを意味するだけではなく、精神的にも孤立させて心身を追い詰めることにもつながります。病院幹部は、当該病院の多くの職員が「ペイハラ対応業務は最もやりたくない仕事の一つである」と考えている現実を直視して、病院組織として、当該担当者以外の職員がバックアップし協力することができるよう、その体制（態勢）を整えるべきであり、当該担当者以外の職員にその旨を指示しておく必要があります。その意味では、ペイハラ担当者の部署を院長（病院管理者）直属とし、さらに、当該部署の長を副院長にする等の組織的な変更は有効な方法といえます。

医療機関として病院警備を警備会社に外注する場合には、ペイハラ患者・家族への対応について、院内のペイハラ担当者（当該病院の職員）と警備担当者（警備会社等）との間で意思疎通が十分に図れていないことが多く見られます。ペイハラ担当者が警備担当者（警備会社等）に対し直接一定の指示をすることが可能となるよう、医療機関は当該警備会社との間で事前に協議し合意しておく必要があります。

❹ ペイハラ処理担当者に対しては、その指揮命令系統を整備して一定の権限を付与し、その一方では、露骨な「結果責任」を問わないこと

病院幹部は、ペイハラ担当者らに対し、一定の成果を求めるのであれば、医師・看護師を含む他の職員に対する指揮命令を前提とした権限（それに近い権限）を付与しておく必要があります。また、具体的事案について、病院幹部が、何らの組織的

検討を加えないまま、「…すべきであった」などという結果論的（レトロスペクティブ）な批判をする場面を見ることがあります。しかし、ペイハラ対応に「正解・正答がない」ことを考えると、そのこと（結果責任を問うこと）がペイハラ担当者を萎縮させ、その萎縮した対応がかえって相手方（ペイハラ患者・家族）を高慢にさせ、あるいは、感情的にさせる危険性があります。いずれにしても、病院幹部は、ペイハラ対応には「正解・正答はない」という現実を認識しておく必要があり、具体的な事案の事後的な検証は必要ではありますが、その検証の過程において、当該担当者の対応を非難するかのような議論にならないよう注意しなければなりません。

具体的な事案において、ペイハラ患者・家族への対応がうまくいっていないことは、その病院の組織的な対応が奏功していないことを意味することが多く、担当者一個人にその責めを帰することなどできるはずもないのです。

❺ 普段から、病院内において、ペイハラ患者・家族及びその予備軍に対し、当該病院が「暴言・暴力を許さない病院であること」、「暴言・暴力については警察と連携して対応する病院であること」等を“院内放送”や“ポスターの院内掲示”などで広く告知し、広報しておくこと

“当該病院がペイハラに対して厳しく対処すること”（警察への通報、診療の拒絶、退去命令・立入禁止措置など）が、ペイハラ患者・家族やその予備軍に事前にわかるだけで、その効果は大きいといえます。そしてそのことが、患者・家族によるペイハラの予防（ペイハラ患者・家族の言動の抑制効果）につながり、また逆に、当該病院の職員に対しては安心感を与えることにもなって、ひいては職員を守ることにもつながります。

なお、これらを実践する場合には、“暴言・暴力・セクハラ等を禁止しそれに違反する場合には警察介入を求めることのある”旨の“院内放送”【注16】と“ポスターの院内掲示”【注17】（資料６ 210頁）（以下「院内放送等」といいます）を併用することがより効果的です。

院内放送等については、その方法を採用するか否かを議論する際に、内部的に反対論が出てくることがあります（「品がない」「みっともない」「患者を脅している」などという反対論や批判の声が病院内部や患者から出された病院もあります）。しかし、当該病院においてそれ（院内放送等）を実施するかどうかは、当該病院がどれだけペイハラに苦しめられているかによって違うはずであり、ペイハラに苦しみ、いま何とかしなければならないとの判断であれば、院内放送等は躊躇なく採用すべきであり、その後ペイハラが減少していけば徐々に止めればいいだけのことだと思います（ペイハラに苦しんでいる現場職員の現状を、このような現場に無理解な批判によって放置することの方が、よほど問題があると思います）。

【注16】　Ａ病院では、「当院では、暴言・暴力、性的いやがらせ、喫煙などの行為があった場合は、強制的な退去や警察への通報をいたしますので、ご理解のほど、よろしくお願いいたします。繰り返し院内の皆様にお知らせいたします。当院では、暴言・暴力、性的いやがらせ、喫煙などの行為があった場合は、強制的な退去や警察への通報をいたしますので、ご理解のほど、よろしくお願いいたします」という院内放送を毎日定時に実施しています。

【注17】　ポスターの院内掲示については、Ａ病院では、同病院独自に製

作した暴言・暴力・セクハラ等禁止のポスターを掲示していましたが、令和４年になって長崎県医師会と長崎県警察が「絶対に許しません！　暴言・暴力・迷惑行為」（資料６）というポスターを製作し、各医療機関に配布しており、Ａ病院もそれに切り替えることを検討しています。長崎県ではこれから、ペイハラで困っている医療機関がこのポスターを利用していくことになるものと思われます。

❻　普段から、病院内において、ペイハラ患者・家族及びその予備軍について、組織的に情報共有するようにし、その情報共有のための体制を整えておくこと。そしてそれ（ペイハラ情報）を、ペイハラ担当の部署に集中して収集し、さらに各部署に当該情報を拡散すること

ペイハラ患者・家族及びその予備軍は、病院内の様々な部署においてクレームをつける等の行為を繰り返すことがあります。ペイハラ患者・家族等を事前に特定できる場合には、その情報を病院内各部署で共有し、可能な限りトラブルを事前に回避するよう努力しなければなりません。

ペイハラ患者・家族は、病院職員のちょっとしたミス・不手際に付け込んできます。そのちょっとしたミス・不手際を針小棒大に声高に指摘し騒いでくることがあるのです。このような事態にならないためにも、病院職員間の情報伝達の方法を工夫した情報共有は極めて重要であり、その情報をペイハラ担当の部署に集中して収集し、そしてさらに、これを各部署に拡散して組織に行きわたるようにすべきです。

❼　患者・家族がペイハラ化しそれを増幅させる要因の一つに、「当該病院の医師・看護師等スタッフ職員の患者・家族への応対の拙さ（まずさ）」（ちょっとしたミスや不手際、ぞんざいな言葉遣い、不親切な態度や説明、患者への配慮を欠いた言動など）があること。そのような医師・看護師等スタッフ職員に対する病院幹部の管理指導が非常に重要になってくること。また、その原因が劣悪な就労環境にあることも考えられることから、病院幹部は、当該医師・看護師等スタッフ職員の就労環境についても目を配る必要があること

スーパーマーケット、デパートなどでのクレーム問題（カスハラ）においても、「最初から悪意をもってクレームをつける人は普通はいない。クレーム前に事業者側の職員の対応が悪く、そのことが原因でクレームが始まり、さらにその対応が悪いとそれが増幅する」といわれています。すなわち、「医師・看護師等のスタッフ職員の当初の拙い（まずい）対応（ちょっとしたミスや不手際、ぞんざいな言葉遣い、不親切な態度・説明、患者への配慮を欠いた言動など）がなければ、ペイハラ患者・家族に成長することはなかった（モンスター化することもなかった）」といえる場合が多いのです。そしてそれは、病院職員の劣悪な就労環境に起因していることも少なくないことから、病院幹部による就労環境への目配りも必要不可欠になります。

その一方で、医師・看護師等の中には、職場環境などには関係なく、拙い（まずい）対応（ちょっとしたミスや不手際、ぞんざいな言葉遣い、不適切な態度や説明、患者への配慮を欠い

た言動等）を繰り返すリピーターの医師・看護師等スタッフ職員（リピーター職員）がいる場合もあり【注18】【注19】、そのような場合には、病院幹部によるリピーター職員に対する管理指導がなされなければなりません（特に、医師の中にはペイハラ担当職員の要請や要望にも聞く耳をもたない者が多いともいわれており、その場合の病院幹部の管理指導は極めて重要となります）。

【注18】　Ａ病院の令和元年度・２年度・３年度の患者家族からの苦情分析によれば、その苦情の想定原因が「説明・情報提供不足」と「職員の態度に問題」という場合の合計が令和元年度43%、同２年度49%、同３年度40%となっています。

【注19】　長崎市内のＢ病院は、令和４年９月から10月にかけて、看護職などの病院職員に対してペイハラアンケートを実施しています。その際に、「ペイハラが生じる要因」について質問していますが、①患者・家族の小さな不満の蓄積28%、②医療者側のインフォームド・コンセントやコミュニケーションの不足26%、③医療者側のインシデントやアクシデントがあった18%、④患者・家族がパーソナリディー障害などの問題を抱えていた20%、⑤反社会的な患者・家族であった７%などとなっています。

しかし、以上のうち①、②、③については、医療者側においてその要因を減らすことが可能なのではないでしょうか。また、上記のとおり、Ａ病院でも数年前に患者・家族からのクレーム分析からペイハラの要因の分析を試みましたが、ほぼ上記Ｂ病院のアンケート結果と同様の傾向となっています。要するに、ペイハラを減らすためには、医療者側の患者・家族に対する対応（接遇）の改善努力が求められていることも否定できません。

②　警察との連携の在り方（警察との連携体制の構築）

病院のペイハラ対応においては、「警察との連携」が必要不可欠であり、特に、**タイプⅡa**（パーソナリティ障害などメンタルヘルス的問題を抱えた患者・家族）、**タイプⅡb**（反社会的な性格の患者・家族）においては、所轄の警察署（以下「所轄署」といいます）に警察官の出動（警察介入）を求めざるを得ないことがあります。そのためには、病院においても、事前に次のような対応を行っておく必要があります。

❶　病院は、普段から所轄署と連携し、当該病院における近時のペイハラ事案の状況（現状）を説明し、万一の事態（暴力、暴力のおそれ、不退去、業務妨害等が惹起された場合）には直ちに所轄署（又は派出所）から警察官を派遣してもらえるよう協力要請をしておくこと（警察との普段の連携体制の構築）。

❷　具体的に、入通院中のペイハラ患者・家族が上記❶の事態を惹き起こす可能性がある場合には、事前に所轄署の担当警察官に相談し、事実経緯を説明した上で、万一の場合の出動（警察介入）を要請しておくこと（警察との具体的な事案における連携関係の構築）。

❸　毎年１回は定期的に、当該病院におけるペイハラ事案を所轄署に報告することとし、可能ならば所轄署との勉強会・協議会などを行うこと（当該病院職員のための研修もかねて、所轄署に協力してもらったロールプレイング研修などを実施することも有効であり、毎年１回の「呼び出しコール」のお試し会などでも意味がある）。

警察署との普段からの連携（警察との連携体制の構築）は、(1)事前に相談しておくことで具体的な事件の勃発において迅速な対応が可能となること、(2)「警察に事前相談をしており、いつでも警察の協力を得られる」ということだけで病院のスタッフ職員が安心すること、(3)ペイハラ患者・家族も「警察との連携対応がなされている」ということを院内放送や院内ポスターで知るだけでペイハラ言動がおさまる場合がある（抑止・予防につながる）こと等という効果が認められます。その意味では、資料６の都道府県警との連携ポスターを院内に掲示することはペイハラの抑止につながりますし、また、病院職員を安心させることにもつながります。

2021年（令和３年）12月に大阪北区のクリニックで放火され、院長や患者ら26人が死亡した事件が、2022年（令和４年）１月には埼玉県ふじみ野市で訪問在宅医療を行う医師が銃で撃たれて亡くなった事件が起きましたが、そのことを契機として、日本医師会は警察庁に対し“医療従事者の安全確保に関する要請”を行い、2022年（令和４年）６月20日、警察庁は、都道府県警に対し、①各都道府県医師会との間で医療従事者等の安全確保を図るとともに、②各都道府県医師会等からの相談、110番通報等がなされた場合には、その内容に応じて指導、助言、検挙等の必要な措置を確実に講ずるよう通達を発しています（以下「令和４年６月付警察庁通達」といいます。資料４ 201頁）。

これらのことからも明らかなとおり、ペイハラ患者・家族の異常な行動の果てには殺傷事件に至ることもあります。そのことを考えると、医療者及び医療機関は、いつもそのことを念頭に置き、警察との具体的な連携を図っておくべきだと思われます。そして、上記令和４年６月付警察庁通達がある以上は、実際に事件が起こった場合には、（各病院の所在する）所轄署に通報すれば警察官がすぐに駆け付けてくれるとは思います（駆け付けてくれるはずです）。しかし、医療者及び医療機関としては、その一つ手前での準備をしておくべきであり、事件が起こる前に所轄署への「万一の場合の警察介入のお願い」や意見交換をしておくべきだと思われます。なお、長崎県医師会・長崎県警察の資料６のポスターは、この令和４年６月付警察庁通達（資料４）を契機として製作されたようです。

(3)　ペイハラへの現場対応

①　タイプの区分に従った対処法（ペイハラのタイプを判別することの重要性）

臨床現場におけるペイハラへの対処法の、その最初の段階において特に重要なことは、「育てられたペイハラ（育ててしまった）患者・家族」（**タイプⅠ**）なのか、それとも、「不可逆的又は生来的なペイハラ患者・家族」（**タイプⅡａ**：パーソナリティ障害などメンタルヘルス的問題を抱えた患者・家族、**タイプⅡｂ**：反社会的な性格の患者・家族）なのかを“判別すること”、“その判別した区分に基づいてそれぞれに適した対処を行うこと”ということになります。

❶　ペイハラ患者・家族と判断できていない初期の段階において、当該患者・家族がペイハラと思われる理不尽な言動をする場合には、対応した当該職員は速やかにペイハラ担当者あるいは当該部署に報告し、当該ペイハラ担当者らは、その後の対応策を検討して、当該職員に指示すること。

そして、初期対応においては、まずは誠意ある対応を行い、状況を正確に把握し事実を確認して、上記タイプの区分を検討すること

ペイハラ患者・家族と判断できていない初期の段階においては、当該患者・家族の理不尽なペイハラ言動に単独で対応しなければならないことも考えられますが、速やかにペイハラ担当者や当該部署に報告して相談し、ペイハラ担当者らが、ペイハラ患者・家族のペイハラ言動か否か、そのタイプ（**タイプⅠ**なのか、**タイプⅡ**なのか等）を判断して、その後の対応を検討することになります。その検討した結果については、現場でペイハラ患者・家族と直接対応しなければならない他の職員（病棟看護師）らにも周知し、その指示をしなければなりません。

カスハラ対策企業マニュアルでは、「現場対応者（例えば「看護師」）による初期対応においては、まずは誠意ある対応をしつつ、状況を正確に把握し、事実確認をする必要があります。ただし、顧客（患者・家族）から暴力行為やセクハラ行為を受けた場合は、すぐに現場監督者（例えば「看護師長やペイハラ担当職員」）に相談する等事案を引き継ぎ、一人で対応しないようにすることが重要です」、「現場対応、電話でのクレーム対応のどちらにおいても、以下の事項に留意しつつ、まずは顧客（患者・家族）の主張を傾聴することが求められます」として、その留意事項として、「1．対象となる事実、事象を明確かつ限定的に謝罪する」、「2．状況を正確に把握する」、「3．現場監督者（一次相談対応者）または相談窓口に情報共有する」を挙げています（マニュアル30頁）。

❷ タイプⅠ（育てられたペイハラ患者・家族）であると判断したときは、

(a) 自らの医療機関においてペイハラ患者・家族に育ててしまった「原因」を探り、それに基づいて人間関係を巻き戻す方向で、丁寧にかつ真摯に話し合いを続ける必要があること。その際に謝罪が必要になる場合には謝罪も検討すること

この場合には、当該患者・家族をペイハラ患者・家族に育ててしまった原因を探る必要があり、その上で、ペイハラ患者・家族の誤解をとく作業が重要になり、人間関係を巻き戻す方向での丁寧かつ真摯な話し合いが必要になってきます（いわばインフォームド・コンセントの巻き戻し、コミュニケーション関係の再構築）。その過程において、謝罪が必要になる場合（当初の医療者の対応に非があると認められる場合であり、その限度での謝罪が必要となる場合）には、そのことに躊躇すべきではありません【注20】。しかし後述するとおり、謝る理由も必要性もない場合に不必要に卑屈な謝罪を繰り返すことは逆効果です。

また、謝罪によって“医療機関が何らかの法的な責任”を負う可能性があれば、その謝罪（責任承認としての謝罪）には病院の組織決定が必要ということになります。その一方で、法的責任が生じないような事項についての謝罪（非礼等をわびる意味での人間関係的・道徳的・倫理的な謝罪）は、医療者側に非が認められた以上、それを躊躇すべきではありません（もっとも、その判別は簡単なことではないことも多いかもしれませんが、非常に重要な点となります）。

なお、ペイハラ患者・家族から謝罪を執拗に求められたことから、“その理由も必要性もない謝罪”を職員がさせられてしまうと、ペイハラ患者・家族はますます増長し居丈高になりかねません。例えば、担当職員の上司がペイハラ患者・家族に脅されて、謝罪すべきではなかったにもかかわらず、部下が謝罪をさせられたことがありましたが、そうなると事態は混乱するばかりで解決に向かうことはありません。また、“その理由も必要性もない謝罪”を部下職員にさせてしまうと、当該職員は心が折れてしまいます。いずれにしても、医療者がその理由も必要性もない卑屈な謝罪をすること（させること）は、トラブルを鎮めることになるどころか、逆に、不必要なトラブルを惹起させ又はそれを増幅させる可能性があることを忘れないでください（マニュアル17頁の甲府地判平成30年11月13日を参照）。

【注20】　カスハラ対策企業マニュアルでは、この点（謝罪）について、「1．対象となる事実、事象を明確かつ限定的に謝罪する」とし、「対象を明確にした上で限定的に謝罪します。例えば、「この度は不快な思いをさせてしまい、誠に申し訳ありません」といったように不快感を抱かせたことに謝り、正確に状況が把握できていない段階では、企業（病院）として非を認めたような発言をすることは望ましくありません。非を認めて謝罪するのは、事実確認をして社内（院内）で判断をしたときです。その際も、過失の程度に応じた謝罪をすることが望

ましいです」（マニュアル30頁）と説明しています。

(b)　タイプⅠと判断した場合には、普通の患者として対応することを心がけ、メディエーターを仲介させたり、メディエーター的（第三者的）な立場の者（例えば、「患者・家族相談（支援）室」の所属職員）を関与させて対応することも検討すること

ここで重要なことは、ペイハラ患者・家族を病院から排除することではなく、「ペイハラ患者・家族のペイハラ化の原因を特定しその誤解等をといて、ペイハラ患者・家族との関係を修復し、さらには、医療機関としての今後の対策を講じ、再発防止を図ることにある」との意識と認識を持つことです。

いずれにしても、普通の患者・家族を“ペイハラ患者・家族”につくり上げる（成長させる）のは医療者自らである場合が多く（ちょっとしたミスや不祥事、ぞんざいな言葉遣い、不親切な態度や説明、患者・家族への配慮を欠いた言動などで、比較的簡単にペイハラ患者・家族に育ってしまうことがあります）、そこには「インフォームド・コンセント」、その根底にあるはずの「コミュニケーション」が欠如し又は不足していることが原因となっていることが多いのです。医療者はそのことに思いをいたし、普段から患者・家族との間のコミュニケーションを充実させ、質の高いインフォームド・コンセントを実践することが求められます。

(c)　それでも解決が困難な場合には「弁護士介入」、「警察介入要請」等も検討すること

以上の(a)(b)の対応をしたにもかかわらずこれを解決できず、病院業務に支障が生ずる場合には、（事前通告をした上での）「弁護士介入」や「警察介入」を検討せざるを得ません。このタイプのペイハラ患者・家族の言動について、警察介入をお願いして（警察を呼んで）強行的に対応することは稀なことだと思いますが、暴力に及んだ時やそのおそれがある時には躊躇すべきではありません。

❸　タイプⅡ（不可逆的又は生来的なペイハラ患者・家族）であると判断したときは、

(a)　タイプⅡa（パーソナリティ障害などメンタルヘルス的問題を抱えた患者・家族）の場合においては、メンタルヘルス的な問題を抱えるペイハラ患者・家族に対して、精神科医や心療内科医を関わらせること（精神科医等の介入）も検討すべきであるが、それによる対処ができずやむを得ないと判断された場合には「警察介入」を躊躇しないこと

(b)　タイプⅡb（反社会的な性格の患者・家族）の単に粗暴で粘着質的なペイハラ患者・家族（特に反社会的勢力と思われる患者・家族）については、一定の院内対応を行った上で、その解決が困難であると判断した場合には、速やかに「弁護士介入」を検討し、また、やむを得ないと判断したには「警察介入要請」も躊躇しないこと

病院には、この種のペイハラ事案（**タイプⅡａ**）に対応可能な精神科医・心療内科医がいないことが多く（ただし、精神科医・心療内科医がいない病院では、精神科・心療内科の病院・医院との提携も検討すべきです）、また、この種のペイハラ事案に適切に対応できる弁護士も少ないこと、普段から弁護士との連携が進んでいない病院も多いことを考えると、最終的には「警察介入要請」を早めに求めるしかないことも多いといえます。

なお、前述のとおり、近時では、令和４年６月付警察庁通達（「各都道府県医師会及び医療機関との連携の推進等について」資料４）がありますから、病院側の要請に警察は積極的に対応してくれるはずです。したがって、それをスムーズに実施してもらうためには、少なくとも病院は所轄の警察署との連絡を普段から密にし、具体的な事件が起こりそうな時には、さらに事前にきちんと具体的な接触をもっておく必要があります。また、弁護士が介入し法律論だけを振り回してペイハラ患者・家族と対応することはますます事態を悪化させる可能性もあり、弁護士は万能ではないことも銘記しておく必要があります。

ところで、認知症患者やせん妄患者による暴言・暴力については、**タイプⅡａ**とは異なった対応が必要となります。そもそも、認知症患者やせん妄患者をペイハラ患者とはいいませんし、認知症患者やせん妄患者の言動に対する治療行為の一環としての対応が必要となるはずです。しかし、その場合においても、暴言・暴力が予想されることから、病院は、警察への介入要請を含めた十分な対応を行わなければならないこともあります。

②　暴言・暴力・セクハラへの具体的な対応策

㋐　具体的な対処方法（警察介入、診療の拒絶、退去命令、立入禁止命令など）

不可逆的なペイハラ患者・家族（**タイプⅡa、タイプⅡb**）においては、上記のとおり、警察署との連携（警察の出動と介入）が必要となることが多く、育てられたペイハラ患者・家族（**タイプⅠ**）においても同様の事態が考えられます。そのような場合には、その具体的な対処として、次のような方法を検討することになると思われます（ただし、その方法は各病院の規模や態勢（体制）にあわせて具体的な検討を行う必要があります）。

なお、警察への介入要請については、当該担当職員に躊躇する心理が働くことを考慮し、各病院においてその警察介入要請の要件や手続を明確にしておいた方がよいと思われます。例えば、以下のような要件や手続を検討しておくことも有用かと思料いたします。

❶　実際に暴力行為があった場合には、

(a)　診療時間内においては、直ちにペイハラ担当部署に連絡し、保安員等を含む担当部署の複数の職員が駆け付けるとともに、事前に指定された所轄署（又は派出所）へすぐに110番すること。

(b)　診療時間外においては、直ちに保安員等の当直職員に連絡し、複数の保安員等が駆け付けるとともに、事前に指定された所轄署（又は派出所）へすぐに110番すること。

❷　暴言・脅しの場合（暴力行為のおそれがある場合）には、

(a)　診療時間内においては、直ちにペイハラ担当部署に連絡し、保安員等を含む担当部署の職員など複数のスタッフで説得し、それでも応じない場合には担当部署から事前に指定された所轄署（又は派出所）に110番すること。

(b)　診療時間外においては、直ちに保安員等の当直職員に連絡し、保安員等を含めた複数のスタッフで説得し、それでも応じない場合には当直職員から事前に指定された所轄署の担当部署（又は派出所）に110番すること。

❸　上記❶❷の事態が惹き起こされた場合には、

(a)　惹き起こしたペイハラ患者・家族に対し、警告書等の書面を交付し、今後は又は今後も直ちに警察対応となる旨を告げること。

状況によっては（可能であれば）、誓約書等に署名押印させて、２度とトラブルを惹き起こさない旨を約束させること。

仮に警告書・誓約書等に従わない場合には、次の段階において病院側が、後述(b)の「診療の拒絶」、(c)の「退去要求」又は「立入禁止措置」等の対応を実施する可能性がある旨を告げておくこと（より厳しい対処の通告）。

(b)　それでもペイハラ患者・家族が当該病院の指示に従わない場合には、診療をしない旨を告げること（診療の拒絶【注21】）。通院患者の場合には通院診療の拒絶を通告し、入院患者の場合には退院又は転院の通告をすることになる（しかし、退院又は転院を強制することは著しく困難又は不可能であり、様々な問題を伴う)。

(c) それでもペイハラ患者・家族が当該病院の指示に従わない場合には、病院施設からの退去を書面（退去告知書又は退去命令書）によって求め、又は、病院施設内への立入りの禁止を書面（立入禁止告知書又は立入禁止命令書）によって指示すること（退去告知書、立入禁止告知書の交付など【注21】)。

(d) 「退去告知書」、「立入禁止告知書」等をペイハラ患者・家族に交付するときには、同時に、それに違反した場合には「不退去罪」「住居侵入罪」などで刑事告訴する旨を告げること。

【注21】 A病院の秩序維持管理規程では、院長に対しペイハラ患者・家族に対する適切指導の責務を課した上で、「院長は、必要があると認める場合は、前項における病院内の秩序を乱す者に対して、退院（退去）勧告又は診療拒否に関する注意書を交付するものとする」と規定しています。すなわち、A病院では、ペイハラを繰り返す患者・家族に対し、「退院（退去）勧告書」、「診療拒否に関する注意書」という書面を交付することにしていますが、これは比較的効果的であり、口頭で同じことをするよりも書面での注意や勧告に従う傾向があります。ペイハラを繰り返す患者・家族は、病院側の指導や勧告が書面で行われることを嫌がる傾向があり、その後比較的おとなしくなることが多いです。

(イ) 警察介入、診療の拒絶、退去命令、立入禁止命令は“最後の手段”

しかし、警察介入を求めることや、診療を拒絶し、退去告知書や立入禁止告知書などの文書を発することは最後の手段です。そして、その行使については担当者も躊躇することが考えられることから、その実行要件については各病院において明確にしておく必要があります（なお、合理的な理由のある診療の拒絶については、応招義務に違反しません。このことは後述いたします）。

いずれにしても、このような最後の手段を講じるまでには、様々な方法による、いくどかにわたるペイハラ患者・家族に対処する（説得する）必要があり、それもせずに簡単に最後の手段に打って出ることには問題があります。このような対応（最後の手段）の効果が絶大であればあるほど、病院において濫用されがちであり、病院はそのことを心しておくべきであって、本当の意味での最後の手段にすべきです。

つまり、診療の拒絶に至るまでには、ペイハラ患者・家族に対し、「(1)まずは優しく、(2)次も優しく、(3)さらに優しく、(4)最後は仏の顔も三度まで（診療の拒絶）」という感じで粘り強く対応する必要があります【注22】。

【注22】　Ａ病院の医療安全推進室・患者支援室は、退院（退去）勧告や診療拒否に関する注意書の発出を求める場合には、必ず弁護士の判断を仰ぐこととし、弁護士はそれまでの経過等を勘案して万一訴訟になったとしても耐えられるものかどうかを判断してその可否を院長に具申します。したがって、最後の手段についても、同様の手続がとられることとなります。

⑷　医師・病院の応招義務の可否（診療の拒絶は許されるのか）

ペイハラ患者・家族からのペイハラ言動が繰り返されると、当該病院の診療体制に支障が生じかねず、他の患者への適切な医療もできなくなります。確かに、医療者には医師法19条１項【注23】の応招義務が課されており（医療機関も同様に応招義務があるとされています）、ペイハラ言動があったからといって簡単に診療を拒絶することはできません。しかし、ペイハラ患者・家族からのペイハラ言動の継続が病院職員を困惑させて精神的に追い込み、病院業務にまで支障を生じさせることとなると、診療を拒絶するしか方法がなくなることも多く、そのような場合には“診療の拒絶が許されるのか”が問題とならざるを得ないのです。

医療者は、医師法19条１項により、正当な事由がない限りその診療を拒絶できないとされてはいるのですが、それも医療者と患者・家族との間に信頼関係があってこその話であり、それ（信頼関係）がなくなった以上、医療者が当該ペイハラ患者・家族の診療を拒絶することはやむを得ないとされることもあるのです。

この点については、令和元年12月25日付医政局長通達（「応招義務をはじめとした診察治療の求めに対する適切な対応の在り方等について」資料５ 203頁）が発出されていますが、それ以前とそれ以降の厚労省の考え方には違いがありそうなので、その点については、以下のとおり説明します。

【注23】　医師法19条１項：診療に従事する医師は、診療治療の求めがあ

った場合には、正当な事由がなければ、これを拒んではならない。

①　旧厚生省通達・日本医師会の指針・裁判例による“過去の考え方”

上記のとおり、ペイハラ患者・家族に対する対処法を考える場合には、「医師や医療機関の応招義務に違反しないのか？」という点の検討を余儀なくされます。医療者や病院が違法なペイハラ行為にさらされた時には、最終的に「診療を拒絶する」以外にその対処方法がないことも多いのです。診療を受け入れた病院が、医療者に対する患者・家族の暴言・暴力・性的言動等を理由として、その後の当該患者の診療を拒絶し、同時に、当該患者・家族の病院からの退去を求め、立ち入りを禁止することになる場合には、「医師法19条１項の医師の応招義務に反しないか？」という点が問題とならざるを得ないのです。

そして、“診療の拒絶”に関する考え方については、“過去の厚生省通達や過去の日本医師会の指針”を前提に“過去の裁判例”を参考にして、次のように整理していました。

【診療の拒絶についての旧厚生省・裁判所の過去の考え方】

診療契約において、患者は生命・身体という重要な法益を医療者に託し、医療者と協働して継続的に診療を行うのですから、医療者と患者・家族との間には「信頼関係」が必要不可欠であり、ペイハラ言動によって医療者とペイハラ患者・家族との間の当該信頼関係が失われた時には、①患者への診療に緊急性がなく、②代替する医療機関等が存在する限り、医療者がこの診療を拒否したとしても、診療拒絶に正当事由を認めることができます（弘前簡判平成23年12月16日、東京地判平成29年２月９日【注24】など）。

確かに、医師法19条１項では「正当な事由がなければ診療拒否はできない」と規定していますが、逆にいえば、「正当な事由」がある場合には診療を拒絶することは可能といえます。そして、判例・裁判例を見る限り、その診療拒否が社会通念上その許容される範囲を超えて、拒絶された側（例えば、ペイハラ患者・家族）の法律上保護されるべき何らかの権利又は利益が侵害された場合に初めて違法となる（東京地判平成17年11月15日）と考えられています。

このように考えれば、ペイハラ患者・家族による医療者に対するハラスメント行為によって、医師・看護師その他職員の生命・身体・精神的健康を侵害し又は侵害するおそれがあり、あるいは、当該医療機関の診療業務を妨害しそれが著しい場合には、よほどの事情（当該患者の生命身体が危ない情況で緊急性がある場合など）がない限り、「医療者には当該患者の診療を拒絶する正当な理由がある」といえるはずです。

したがって、このような判断がなされる場合には、当該ペイハラ患者・家族に対しその診療の拒絶の可能性を事前通告し、それでも当該医療者の指示に従わない場合には、実際にその診療を拒絶し、病院内からの立退きを求めたり、あるいは、病院への立入りを禁止したりすることは何ら違法ではないと考えられます。

いずれにしても、“診療の拒絶が許されるかどうか”という点については、“当該患者の生命・身体に危険が及ばないかどうか”が重要になり、慎重な判断が求められるとされていました。したがって、これまでの医療者や病院は、ペイハラ患者・家族への対処策としての診療拒否について、それが最後の手段だとしても、極めて慎重な判断をしており、診療拒否をすることに消極的な対応をとってきた傾向がありました。

【注24】 東京地裁平成29年２月９日判決は、暴言を繰り返す患者についてのインプラント治療について、歯科医師の説明義務違反を否定し、予定した治療の最終段階実施後に歯科医師が患者に対して治療の終了を通告し、以後の診療を拒否したことには正当な理由があるとして、歯科医院の損害賠償責任を否定した事例であり、「診療に従事する歯科医師は、診察治療の求めがあった場合には、正当な理由がなければ、これを拒んではならないとされているところ（歯科医師法19条１項）、平成26年３月24日の診療録によれば、被告Ｙ２（歯科医）は、原告に対し、コミュニケーションが取れないことを理由として、本件治療の終了を通告し、今後電話や来院があっても診療を拒否することを決定したことが認められる。しかし、原告の言動により原告と被告Ｙ２との間の信頼関係が破壊されていたと認められることに加え、本件治療が上部構造の装着完了まで実施されていたこと、原告が本件歯科医院から実施済みの治療行為に関する治療費を請求されたのに対し、支払を拒否する客観的に合理的な事情もうかがわれないのに、原告本人の主観的な不満を理由として支払を拒否することが複数回あったこと等の事実関係に照らせば、被告Ｙ２が原告の診療を拒否したことには「正当な理由」があるものと認められ、不法行為を構成するものとは認められない」と判示しています。

② 令和元年12月25日付医政局長通達（「応招義務をはじめとした診察治療の求めに対する適切な対応の在り方等について」）の“新たな考え方”

ところが、厚労省は、令和元年12月25日、応招義務に関する重大な医政局長通達を発しています（以下「令和元年12月通達」といいます。資料5 203頁）。すなわち、この令和元年12月通達では、「現代においては、医師法制定時から医療提供体制が大きく変化していることに加え、勤務医の過重労働が問題となる中で、医師法上の応招義務の法的性質等について、改めて整理する必要性がある」（筆者注：この通達は「医師の働き方改革」と密接に関係しています）、「現代の医療は、個々の医師のみならず医療機関を含む地域の医療提供体制全体で提供されるものという前提に立つと、医師個人のみならず、医療機関としての対応も含めた整理の必要性がある」として、“どのような場合に診療の求めに応じないことが正当化されるか”を整理しているのです。

まず、「診療の求めに応じないことが正当化される場合の考え方」として、「最も重要な考慮要素は、患者について緊急対応が必要であるか否か（病状の深刻度）である」とし、また、そのほかに、「医療機関相互の機能分化・連携や医療の高度化・専門化等による医療提供体制の変化や勤務医の勤務環境への配慮の観点」から、「診療を求められたのが、診療時間内・勤務時間内であるか、それとも、診療時間外・勤務時間外であるか」、「患者と医療機関・医師・歯科医師の信頼関係」などが重要な考慮要素であるとしているのです。

このような考え方に基づいて、令和元年12月通達では、おおむね以下のとおりまとめています。

(1)　緊急対応が必要な場合（病状の深刻な救急患者等）においては、診療時間内・勤務時間内である場合には、事実上診療が不可能といえる場合にのみ診療しないことが正当化される。

一方、診療時間外・勤務時間外である場合には、応急的に必要な措置をとることが望ましいが、原則、公法上・私法上の責任を問われることはない。

(2)　緊急対応が不要な場合（病状の安定している患者等）においては、診療時間内・勤務時間内である場合には、原則として、患者の求めに応じて必要な医療を提供する必要があるが、緊急対応の必要な場合に比べて、正当化される場合は、信頼関係等も考慮して緩やかに解釈される。

診療時間外・勤務時間外である場合には、即座に対応する必要はなく、診療しないことは正当化される。ただし、時間内の受診依頼、他の医療機関の紹介等の対応をとることが望ましい。

以上の考え方を前提として、「個別事例ごとの整理」もなされており、そこでは、

❶「患者の迷惑行為」として、「診療・療養等において生じた又は生じている迷惑行為の態様に照らし、診療の基礎となる信頼関係が喪失している場合には、新たな診療を行わないことが正当化される」

❷「医療費不払い」として、「以前に医療費の不払いがあったとしても、そのことのみをもって診療しないことは正当

化されない。しかし、支払能力があるにもかかわらずあえて支払わない場合等には、診療しないことが正当化される」

❸ 「入院患者の退院や他の医療機関の紹介・転院等」として、「医学的に入院の継続が必要ない場合には、通院治療等で対応すれば足りるため、退院させることは正当化される。医療機関相互の機能分化・連携を踏まえ、地域全体で患者ごとに適正な医療を提供する観点から、病状に応じて大学病院等の高度な医療機関から地域の医療機関を紹介し、転院を依頼・実施すること等も原則として正当化される」

とされています。

すなわち、❶を見れば明らかなとおり、医療者と患者・家族との間の信頼関係が喪失してしまっている場合には、比較的緩やかな要件でも診療を拒絶することが可能となっているようです。また、❸に見られるように、急性期病院から退院しようとしない病状の安定した患者の「居座り入院」は違法であり、退去を求めることができる、ということになりそうです。なお、この点については、東京地判令和元年10月31日も同様の判断をしています【注25】。

以上の令和元年12月通達の考え方からすれば、過去の旧厚生省通達・日本医師会指針及び裁判例における「医師の患者に対する応招義務」がより緩和されているようにも思えます。特に、ペイハラを繰り返し信頼関係がなくなった患者に対してはその診療を拒絶することも比較的容易になるものと思われますが、そのことを“裁判所が許容するか否か”は、今後の裁判例の積み重ねをみなければ何ともいえないところであり、やはりペイハラ患者・家族に対しては粘り強く対応し、それでもダメな時に「最後の手段として診療を拒絶する。退院・退去を求める」という姿勢が必要だと思われます。

【注25】　東京地判令和元年10月31日は、高度急性期医療を施す病院が、そこに入院していた患者に対し、その急性期の治療が必要なくなったため転院又は退院を求めたにもかかわらず、それに応じないことから、当該病院が当該患者に対し、病院からの退去と病室の明渡しを求めた事案であり、次のように判示しています。

「本件入院診療契約は、病院の入院患者用施設を利用して、患者の病状が通院可能な程度にまで回復するように治療に努めることを目的とした私法上の契約であり、…患者の病状が通院可能な程度にまで回復した場合には目的の達成により終了し、患者は病室から退去する義務を負うと解されるところ、他方、目的を達成するために行われた治療が功を奏さず、患者が上記の程度にまで回復することがなく、引き続き何らかの医療行為又は処置が必要とされる状態に陥った場合、本件病院において患者の病状の安定に務めるべく医療行為を施すべきことはもちろんであるが、急性期を脱してその病状が長期にわたって安定し、回復期機能又は慢性期機能を有する病院においても同様の医療行為を行うことができる状態になった後もなお急性期機能を有する本件病院が永続的に患者の入院を引き受けて医療行為等を行い続けることは、前記医療法６条の２第３項、30条の13第１項等で病床の機能を分化させ、その機能に応じ、患者にも適切な選択を求めた趣旨にも適合しないし、そのように解すべき積極的な理由も直ちに見当たらない。そうすると、上記のような場合に診療契約が終了して病室から退去する義務を負うか否かは、患者の入院中に行われた医療行為の内容、現在の患者の病状及びその安定性、今後患者に必要とされる処置の内容、当該処置を実施することができる代替機関の有無等を総合的に考慮した上で判断することが相当というべきである」

「以上を総合すれば、原告病院と被告患者との間における本件入院診療契約は、遅くとも、被告患者の病状が急性期を脱して長期にわたり安定的に推移する状態となり、かつ、原告病院が被告患者に対して本件病室の明渡しを求めるに至った平成29年８月10日までには終了したと認めるべきであり、これによれば、被告患者は、その翌日である同月11日以降、本件病室本件病室を明け渡して本件建物から退去する義務を負うに至ったというべきである」

⑸ 担当職員の基本姿勢

① ペイハラ患者・家族と話し合いをする時の担当職員の基本姿勢（心構え）

ペイハラ患者・家族と話し合い又は事情聴取をする時の担当職員の基本姿勢（心構え）についても、カスハラ対策企業マニュアルには具体的な指摘があります。すなわち、同マニュアル（31頁）では、「カスタマーハラスメントが疑われる場合の対応」の「留意するポイント」として、「店頭で対応せず、応接室等の個室に招いて二人以上で対応する（時間・人・場所を変えて対応)」、「相手方が感情的になっていても、丁寧な話し方で冷静に対応し、よく話を聞く。また、言葉遣いに注意し、専門用語などは使わないようにする」、「質問を交えながら、詳細に情報を確認し、メモを取って要点を確認する」、「必要があれば相手の了承を得て録音する」、「極力議論は避け、問題を解決しようとする前向きの姿勢を感じさせる」、「その場しのぎの回答はせず、対応出来ないことははっきり断る」、「相手を落ち着かせたい場合は、後で確認して回答するなど冷却期間を設ける」等を挙げています。そしてこの点は、以下に指摘する本書の考え方とほぼ同じといえます。

いずれにしても、ペイハラ患者・家族がいきり立っている時でも、当該病院のペイハラ担当者その他の職員は、当該ペイハラ患者・家族に直接対応（話し合い、協議）しなければなりませんが、その場合にも必ず複数で対応することとした上で（複数人対応の原則)、下記の点に注意する必要があります。

❶ ペイハラ患者・家族（以下「相手方」ということがあります）から事情聴取するなど話をする際には、相手方に対して真摯に対応し、冷静沈着かつ毅然とした態度で臨み、相手方の激しい言動などに反応せずに、その挑発には乗らないこと

ペイハラ処理を担当する職員は、高圧的になっても、卑屈になっても、感情的になっても、その対応を誤るおそれがあります。また、毅然とした態度が尊大ととられることもあるので、毅然かつ柔らかな（たおやかな）態度で臨む必要があることにも注意する必要があります。「(行政又は医師会など）公的機関に訴える」、「報道機関に訴える」、「弁護士に相談して裁判を起こす」等という言葉には惑わされずに、「それは致し方ありません。そのようにしていただいて結構です」等という、真摯かつ冷静沈着な対応に終始する必要があるのです（もっとも、「冷静沈着かつ毅然とした態度」は、逆に相手方に「なめられている」という感情を惹起させることもあることから、その前提として「真摯な対応」が必要となります)。

❷　相手方を別室に誘導して移動させ、椅子に座らせて落ち着かせた上で話をし、可能な限り難しい医療用語は使わないようにすること

ペイハラ患者・家族の中には、人目が多いと興奮し感情的になる傾向のある者も多く見られることから、別室の比較的広さに余裕のある会議室等に誘導して移動させる必要があります。また、一般的に、人は椅子に座ると興奮がおさまる傾向が見られることから、ペイハラ患者・家族と話をする時には双方とも椅子に座って同じ目線で話をし、ペイハラ処理担当者が高圧的ととられかねない姿勢にならないように注意する必要があります。

なお、担当職員が男性であり、ペイハラ患者・家族が女性である場合には、セクハラ等の言いがかりを回避するために、ペイハラ処理担当者に女性を加える必要があることを忘れないでください。

❸　当初、ペイハラ処理担当職員側からは多くを語らず（もちろん、相手方からの質問には必要最小限度で答える）、相手方の話や希望を十分に聴き、相手方の主張や要求を正確に把握し確認すること

ペイハラ患者・家族が何らかの回答を求めている場合にも（即答しても問題のないこと以外は）即答せずに、「病院において検討の上で回答する」旨を伝えること

ペイハラ患者・家族は、医師・看護師等の些細な言動に傷つき、不平や不満を溜めていることも多く、そのことを聴き出す必要があります。特に相手方の話をさえぎると、自分の話を聞いてもらえない（自分を一方的に説得しようとしている）と勘違いし、感情的になることがあるので注意する必要があります。ただし、ペイハラ患者・家族から何らかの回答を求める質問を受けた場合には、即答しても問題のない事項については回答しても構いませんが、迷う場合には「病院において検討した上で回答します」、「上司に確認した上で回答させていただきます」などと言った方がよい場合もあります。

❹　常識を逸脱した相手方の言動に対しては、担当職員は、相手方のペイハラ行為（言動）が法律上「違法」な行為（法秩序に反し許されない行為であり、患者・家族の診療協力義務に違反して状況によっては診療も拒絶されるかもしれないもの）であり、「患者・家族であっても許されないこと」を意識しながら、相手方にペイハラ言動が「そのようなもの（違法）」であることに気付いてもらえるような、あるいは、理解してもらうような対応をとること

もちろん、そのことによって相手方と議論する必要はないですし、むしろ、それは極力避けるべきです。しかし、ペイハラ患者・家族は、自らが法律上許されない「違法」なことをやっているという意識がないことが多いことを考えると、相手方にそのことを気付かせることは非常識な行動を止めさせる契機となることも忘れないでください。そのためにはまず、ペイハラ担当職員自身が、ペイハラ言動が「パワハラ・セクハラの言動」と同様に違法であること、そのような裁判例がパワハラ・セクハラ言動には多く存在することを認識しておく必要があります。そして、相手方のペイハラ患者・家族に対しては、ペイハラ言動という違法行為を繰り返すと、病院側としても診療を拒絶し警察を呼ばざるを得ないこと等を説明せざるを得ない場面もあります。

❺ 相手方に誤解や過大な期待を抱かせるような発言は慎むこと。“多弁”は時としてペイハラ対応失敗の原因となることを忘れないこと

多くを語る（しゃべり過ぎる）医療者の多弁は、相手方に誤解を与え、過大な期待を抱かせることになります。そればかりか、語る内容しだいでは“弁解の繰り返し”ととられるおそれがあり、患者・家族を感情的にさせる可能性もあるのです。しかも、しゃべり過ぎたことで、後に前言を撤回せざるを得ない事態になると、ますますペイハラ患者・家族を感情的にさせトラブルを紛糾させることになります。ペイハラ対応においては、多弁よりも“聞き上手”が求められる場合が多いはずです。

❻ 相手方の要求に応じ、個人の判断で、「病院側が責任を認めた」と勘違いされるような謝罪をしないこと。特に、個人の判断で安易に謝罪文・念書などの書面を作成し交付するようなことを絶対にしないこと

ただし、「ご迷惑をおかけして申し訳ありません」などという、責任の問題に関係のない「慣例的な挨拶としての謝罪」、「道徳的・倫理的観点からの謝罪」は別です。それを行わない

と、相手方の高ぶった感情が落ち着かない可能性があり、そのような謝罪については躊躇する必要はありません。しかし、仮に病院の責任を認めて謝罪する必要があったとしても、それは「病院組織としての判断を前提とする謝罪」でなければならず、患者・家族にはその旨の説明をしておく必要があります。いずれにしても、関係職員らが、ペイハラ患者・家族の強い姿勢や言動に気圧（圧倒）されて、“その場を言い逃れるためだけの謝罪や弁解”をすることだけは避けなければなりません。このような場合には、ペイハラ患者・家族の対応に慣れたペイハラ担当職員や幹部職員に必ず連絡をして指示を仰ぐ必要があります。

❼「言った、言わない」というトラブルになる可能性がある時、あるいは、相手方からの罵詈雑言などの激しい攻撃を止める必要がある時には、相手方に告げて音声を録音することも検討すること。ペイハラ患者・家族の方から音声録音を申し出てきた場合には、特別の事情がない限りこれに応じること

「言った、言わない」というトラブルになる可能性がある時、あるいは、相手方からの罵詈雑言などが激しく、話をしようにもそれができそうにない時には、双方のために音声を録音する旨を告げた上で、それを試みた方がよい場合があります。音声録音をすることによって、激しい罵詈雑言などは比較的回避できることが多いと思われます。しかし、相手方がそれを拒否する場合には、相手方の話を聴くこと自体を拒絶することも考えなければならないこともあり、その場合の対処にはケースバイケースで工夫が必要です。

ただし、音声を録音する場合には、隠し撮りすることなく、音声を録音する旨を告げるのが原則だと考えています（この点については、違う考え方もあるかもしれません）。しかしそれは、あくまでも「告げる」であり、「許可を求める」というものではないことを認識しておくべきです。また、同時に、相手方にも音声録音を促すことも考えるべきであり、双方で同時録音とするとトラブルもなくスムーズに音声録音が可能となります（なお、相手方が録音器具を持参していない時には、事後にダビングして渡す約束をすることも考えてよいのではないでしょうか）。

したがって、ペイハラ患者・家族の方から音声録音を申し出た場合には、特別の事情がない限りこれに応ずることとし（もちろん、病院側でも音声録音してください）、相手方から不信感や疑念を持たれないように対処する必要があります。もっとも、ペイハラ患者・家族から音声録音だけではなく、動画の撮影を求められた時には、インターネット上で悪用される可能性があることからこれは拒否すべきです（動画の撮影を拒否してもそれに従わない場合には、その交渉を拒否するしかなく、状況しだいでは、診療の拒絶、病院からの退去・立入禁止、警察介入等によって対処するしかありません。なお、このような時のために、院内は原則的に音声録音禁止・動画撮影禁止等を謳っておき、交渉の場においてのみ音声録音を許せばよいのではないでしょうか）。

❽　ペイハラ患者・家族とのトラブルの処理は、迅速を旨とし、早期解決を図るように努力すること

ペイハラ事案のトラブルをズルズルと時間をかけていると、必ずペイハラ患者・家族から「対応が遅い！」という新たなクレーム（言いがかり）を受けることがあります。病院側の結論がどういうものになるかは関係なく、調査し検討して結果を出すという過程は迅速を旨として、早期解決を図るという意識が必要であり、また、その回答期限をこちらから明示しておくことが必要な場合もあります。

さらに、回答までにそれなりの期間を要する場合には、定期的に状況報告をしておくことが必要になる場合があります（これを怠ると、「いつまで待たせるのか！」と怒鳴り込んでくる場合もあるのです）。

❾　ペイハラ患者・家族がその主張に固執し、担当職員がどれだけ説明しても病院側の考え方を理解してくれない場合には、（暴力・暴言等により弁護士対応、警察対応などの何らかの対応をせざるを得ない場合でない限り）そのまま「放置」（何らの対応もしない－できない－）という対応でもやむを得ないこと

その放置の状況において、ペイハラ患者・家族から同じ主張や質問を受けた場合には、従前の病院側の結論や回答を繰り返すしかないこと

ただし、「放置」（何らの対応もしない－できない－）という対応は、「ペイハラ患者・家族を無視する」という趣旨ではないことも理解しておいてください（いわば、ペイハラ患者・家族のクーリング・オフを目的とするものなのです）。何らの対応もしない（できない）ことの理由（従前の回答等の繰り返しになってしまうこと）については、ペイハラ患者・家族から求められた場合には、その旨の説明を繰り返し行っておく必要があります。また、膠着状態に陥っていることを考えると、相手方に弁護士などへの法律相談を勧めてみてもよいのかもしれません。

⑩　相手方が患者の場合には、あくまでも“患者としての対応”を心掛け、相手方患者の病状・体調等の気遣いをすること

ペイハラ患者・家族であっても、「患者は患者」という姿勢を忘れないでください。それを忘れた対応をとると、敵対関係の色合いが強くなり、まとまる話もまとまらなくなります。医師として、看護師として、患者に対する基本的な対応は忘れないようにしてください。

ペイハラトラブルは、あくまでも医療者と患者・家族との間のトラブルであり、その話し合いも本来存在するべき信頼関係の回復を目的とするものであることを忘れないでください。

②　ペイハラ患者・家族の立場に立った対応

ペイハラ患者・家族の「クレーム」は、その尋常ではない性格や物言いから、「常識の範囲を超えた言いがかり」と聞こえる場合が多くなります。しかし、そもそも「クレーム」とは「正当な主張・請求・要求」の意味もあり、ペイハラ患者・家

族の主張にそれなりの理由があり、当該病院の適切な対応が必要とされている場合も考えられます。もしかしたら、当該病院の医師・看護師その他職員など医療者側の対応が間違っている可能性も否定できません（そのような場合には、病院職員の接遇対応を見直す契機にもなります）。また、仮に医療者側の対応が間違っていない場合でも、ペイハラ患者・家族側に誤解が生じている（誤解を生じさせてしまっている）ことも考えられます。このような場合が想定される以上、医療者側では、ペイハラ患者・家族の立場に立った対応も検討すべきであるといえます。

❶　ペイハラ患者・家族の立場に立った援助をするために、病院内に「患者・家族相談（支援）室」などを設けること（医療安全推進室等との併設も検討に値します）。
❷　メディエーター資格を有する職員がいるときには、当該メディエーターによる対応も検討すること。
❸　「患者・家族相談（支援）室」では、公平な立場で患者・家族からの意見を聴き、専門用語をかみ砕いて説明し、ペイハラ患者・家族に誤解があれば、それを解く努力をすること。
❹　相談室等の担当者がペイハラ患者・家族から事情聴取する時には、最初から音声録音をすることは避ける等して、信頼関係を醸成させるよう努めること。

「患者・家族の相談（支援）室」という相談窓口をつくることは、“ペイハラ患者・家族のため”という意味だけではなく、“対応させられるペイハラ担当職員にとっても救い”となるはずであり、そのプレッシャーが分散すること、周りの職員から業務が理解されていないこと等による精神的負担の軽減が重要なのです。

もっとも、ペイハラ患者・家族に対応する窓口部署（「患者・家族の相談（支援）室」など）を創設したからといって、ペイハラ患者・家族への対応をすべてそこに任せることは当該窓口部署の職員を疲弊させることになりかねません。ペイハラ患者・家族への対応は、それを惹起させた部署（受付、外来、病棟などの原因発生部署）にも責任があり、原因発生部署は、当該窓口部署（患者・家族の相談室）に協力して解決を図る責任があること認識しなければなりません。病院の管理職等幹部は、原因発生部署の当該窓口部署に対する協力なしに当該ペイハラ紛争が解決しないことを明らかにし、そのことを前提とした原因発生部署に対する適切な指導を行うべきであるといえます。

“医療事故に対する医療安全部門”と“ペイハラに対応する患者・家族相談対応部門”とは、その取り扱う紛争の線引きが困難であることが多いことから、その部門間のセクショナリズムを解き放ち、一体として各事案に対応した方が効率的な成果につながるものと思われます。例えば、病院によっては、医療安全推進室と患者・家族支援室とが一つの部署として稼働し、医療事故にもペイハラにもそれらを区別することなく対応しているようです。

⑹　事実経過の記録の仕方

ペイハラ紛争も医療関係紛争の一つであり、それが訴訟に至ることも十分に考えられます。また、ペイハラ患者・家族との協議・交渉等の過程において「言った」「言わない」の議論に終始し、非生産的で無駄な時間を費やすことも多くなります。これらのことを念頭に置いて、ペイハラ担当者は、診療記録等（カルテ・看護記録・その他の記録）への記載について次の点を銘記し、その正確で丁寧な記載を励行すべきことになります。

❶　患者・家族は、診療記録等の記載については、一般的に、⑴「記載していないこと（事実）は信じない」、⑵「記載してあることは思い出す」、また、⑶仮に思い出さなくても「そうだったのか、そうだったかもしれない等と信じてくれる」ことが多い。したがって、ペイハラ患者・家族の認識の齟齬を埋めるためには、その正確で丁寧な診療記録等への記載が求められること。

❷　裁判所は、診療記録等について、原則として、⑴「記載してあること（事実）は有ったこと」、⑵「記載してないこと（事実）は無かったこと」として取り扱うことがほとんどである。したがって、訴訟等への対応のためにも、その正確で丁寧な記載が求められること。

❸　上記❶❷からすれば、ペイハラ患者・家族との紛争を回避するためにも、また、その紛争を深刻なものにしないためにも、その紛争の事実経過を診療記録等に正確かつ丁寧に記録しておくことが極めて重要であること。

なお、ペイハラ患者・家族の言動の内容については、診療記録以外の記録簿を作って記載するという考え方もあるようです。確かに、患者・家族からのカルテ等の開示請求があった場合には上記のような記載を同患者・家族が見ることになりかねません。しかし、むしろ逆に、ペイハラ患者・家族の言動が診療記録にも記載されることを事前に明言することで、そのペイハラ言動を抑止させるということも考えられます。

ペイハラ言動を診療記録に記載すべきか否かは、どちらにもメリット・デメリットがありますが、ペイハラ患者・家族の言動を積極的に抑止していくためには、診療記録に記載せざるを得ないことを患者・家族に対し明言すること（明言しておくこと）が効果的ではないでしょうか。また、ペイハラ紛争が訴訟提起されることも増えてきている近時の状況からすれば、ペイハラ患者・家族の言動が診療記録に記載されていることは病院側の立証面でもその効果は大きいと思われます（裁判例を見ても、裁判所は“診療記録の証拠価値”を非常に高いものとして取り扱っています）。

（最後にもう一度）

―医療者は“常識ある言動”によって
医療関係紛争を回避しなければならない！―

医療者は、医療事故紛争やペイハラトラブルなどの医療関係紛争を避けるための“倫理的な知識と対処手法”を身に付けなければなりません。最初に述べたとおり（繰り返しになりますが）、倫理の「倫」とは「人の輪、仲間」、「理」とは「模様、ことわり」という意味であり、したがって、「倫理」とは（本来的には）「仲間の間での決まりごと、守るべき秩序」という意味なのです。すなわち、ここで求められている「倫理」は、「人間社会において人としてとるべき常識的な約束事であり、その対応」（いわゆる社会常識）という程度の意味であって、医療者は、倫理的（社会常識的）な初歩として、患者・家族の誤解を避けるために“事前の十分なインフォームド・コンセント”を実践しなければならず、また、その前提として“コミュニケーション関係を確立”しなければならないということなのです。

そしてさらには、医療事故直後においても患者・家族（又は遺族）に対し謝罪等の誠実で真摯な対応（倫理的な対応、社会常識的な対応）をとらなければならないということにもなります。この点は、ペイハラトラブルでも同じであり、医療者側のミスに起因する患者・家族のペイハラ言動である場合には、まずはそのことをペイハラ患者・家族に謝罪するところから、その対応が始まるという事例も多いのです。

つまり、その意味では、この程度の医療者の倫理行動（社会常識的行動）によって、医療事故紛争やペイハラトラブルを避けることができる場合もあり、また、医療事故紛争やペイハラトラブルの深刻化を回避することもできるはずなのです。

いずれにしても、医療事故紛争やペイハラトラブルでは、“医療者側の大小の過誤やミス、そしてその積み重ね”、“人間社会において人としてとるべき常識的な対応をとらなかったこと”等によって、患者・家族に誤解を与え、“不信感・怒り・憎しみという悪感情”を惹起させていることがあります。すなわち、医療者は患者・家族に対し、普段からその接遇等に注意を払い、その際の「軽率で不用意な言動」を慎み、人間社会において人としてとるべき常識的な対応を心掛け、患者・家族との間の誤解を回避し、患者・家族に悪感情を惹起させないように努力する必要があるのです。

資料

資料1　診療情報の提供等に関する指針（厚生労働省）

資料2　医療事故に係る調査の流れ（厚生労働省）

資料3　ペイシェントハラスメントアンケート（長崎県看護協会・長崎県医師会）の調査報告書

資料4　各都道府県医師会及び医療機関との連携の推進等について（警察庁）

資料5　応招義務をはじめとした診察治療の求めに対する適切な対応の在り方等について（厚生労働省）

資料6　絶対に許しません！　暴言・暴力・迷惑行為（長崎県医師会・長崎県警察）

資料１

診療情報の提供等に関する指針（平成15年９月12日医政発第0912001号各都道府県知事あて厚生労働省医政局長通知）

○診療情報の提供等に関する指針の策定について〔医師法〕

（平成15年９月12日）

（医政発第0912001号）

（各都道府県知事あて厚生労働省医政局長通知）

診療記録の開示も含めた診療情報の提供については、患者と医療従事者とのより良い信頼関係の構築、情報の共有化による医療の質の向上、医療の透明性の確保、患者の自己決定権、患者の知る権利の観点などから積極的に推進することが求められてきたところである。また、生活習慣病等を予防し、患者が積極的に自らの健康管理を行っていく上でも、患者と医療従事者が診療情報を共有していくことが重要となってきている。このため、今後の診療情報の提供等の在り方について、「診療に関する情報提供等の在り方に関する検討会」において検討されてきたところであるが、本年６月10日に、患者と医療従事者が診療情報を共有し、患者の自己決定権を重視するインフォームド・コンセントの理念に基づく医療を推進するため、患者に診療情報を積極的に提供するとともに、患者の求めに応じて原則として診療記録を開示すべきであるという基本的な考え方の下に、報告書（参考）が取りまとめられたところである。

同報告書を踏まえ、今般、厚生労働省として、別添のとおり「診療情報の提供等に関する指針」を策定したので通知する。

この指針については、診療情報の提供等に関して各医療機関において則るべきものとしてできる限り広く普及させる方針であり、貴職におかれても、内容を御了知の上、貴管内の市町村（特別区を含む。）、関係機関、関係団体等に周知するとともに、貴管内の医療従事者等に対して周知の徹底及び遵守の要請をお願いする。

（別添）

診療情報の提供等に関する指針

1　本指針の目的・位置付け

○　本指針は、インフォームド・コンセントの理念や個人情報保護の考え方を踏まえ、医師、歯科医師、薬剤師、看護師その他の医療従事者及び医療機関の管理者（以下「医療従事者等」という。）の診療情報の提供等に関する役割や責任の内容の明確化・具体化を図るものであり、医療従事者等が診療情報を積極的に提供することにより、患者等が疾病と診療内容を十分理解し、医療従事者と患者等が共同して疾病を克服するなど、医療従事者等と患者等とのより良い信頼関係を構築することを目的とするものである。

○　本指針は、どのような事項に留意すれば医療従事者等が診療情報の提供等に関する職責を全うできると考えられるかを示すものであり、医療従事者等が、本指針に則って積極的に診療情報を提供することを促進するものである。

2　定義

○「診療情報」とは、診療の過程で、患者の身体状況、病状、治療等について、医療従事者が知り得た情報をいう。

○「診療記録」とは、診療録、処方せん、手術記録、看護記録、検査所見記録、エックス線写真、紹介状、退院した患者に係る入院期間中の診療経過の要約その他の診療の過程で患者の身体状況、病状、治療等について作成、記録又は保存された書類、画像等の記録をいう。

○　「診療情報の提供」とは、①口頭による説明、②説明文書の交付、③診療記録の開示等具体的な状況に即した適切な方法により、患者等に対して診療情報を提供することをいう。

○　「診療記録の開示」とは、患者等の求めに応じ、診療記録を閲覧に供すること又は診療記録の写しを交付することをいう。

3　診療情報の提供に関する一般原則

○　医療従事者等は、患者等にとって理解を得やすいように、懇切丁寧に診療情報を提供するよう努めなければならない。

○　診療情報の提供は、①口頭による説明、②説明文書の交付、③診療記録の開示等具体的な状況に即した適切な方法により行われなければならない。

4　医療従事者の守秘義務

○　医療従事者は、患者の同意を得ずに、患者以外の者に対して診療情報の提供を行うことは、医療従事者の守秘義務に反し、法律上の規定がある場合を除き認められないことに留意しなければならない。

5　診療記録の正確性の確保

○　医療従事者等は、適正な医療を提供するという利用目的の達成に必要な範囲内において、診療記録を正確かつ最新の内容に保つよう努めなければならない。

○　診療記録の訂正は、訂正した者、内容、日時等が分かるように行われなければならない。

○　診療記録の字句などを不当に変える改ざんは、行ってはならない。

6　診療中の診療情報の提供

○　医療従事者は、原則として、診療中の患者に対して、次に掲げる事項等について丁寧に説明しなければならない。

① 現在の症状及び診断病名

② 予後

③ 処置及び治療の方針

④ 処方する薬剤について、薬剤名、服用方法、効能及び特に注意を要する副作用

⑤ 代替的治療法がある場合には、その内容及び利害得失（患者が負担すべき費用が大きく異なる場合には、それぞれの場合の費用を含む。）

⑥ 手術や侵襲的な検査を行う場合には、その概要（執刀者及び助手の氏名を含む。）、危険性、実施しない場合の危険性及び合併症の有無

⑦ 治療目的以外に、臨床試験や研究などの他の目的も有する場合には、その旨及び目的の内容

○ 医療従事者は、患者が「知らないでいたい希望」を表明した場合には、これを尊重しなければならない。

○ 患者が未成年者等で判断能力がない場合には、診療中の診療情報の提供は親権者等に対してなされなければならない。

7 診療記録の開示

(1) 診療記録の開示に関する原則

○ 医療従事者等は、患者等が患者の診療記録の開示を求めた場合には、原則としてこれに応じなければならない。

○ 診療記録の開示の際、患者等が補足的な説明を求めたときは、医療従事者等は、できる限り速やかにこれに応じなければならない。この場合にあっては、担当の医師等が説明を行うことが望ましい。

(2) 診療記録の開示を求め得る者

○ 診療記録の開示を求め得る者は、原則として患者本人とするが、次に掲げる場合には、患者本人以外の者が患者に代わ

って開示を求めることができるものとする。

① 患者に法定代理人がいる場合には、法定代理人。ただし、満15歳以上の未成年者については、疾病の内容によっては患者本人のみの請求を認めることができる。

② 診療契約に関する代理権が付与されている任意後見人

③ 患者本人から代理権を与えられた親族及びこれに準ずる者

④ 患者が成人で判断能力に疑義がある場合は、現実に患者の世話をしている親族及びこれに準ずる者

(3) 診療記録の開示に関する手続

○ 医療機関の管理者は、以下を参考にして、診療記録の開示手続を定めなければならない。

① 診療記録の開示を求めようとする者は、医療機関の管理者が定めた方式に従って、医療機関の管理者に対して申し立てる。なお、申立ての方式は書面による申立てとすることが望ましいが、患者等の自由な申立てを阻害しないため、開示等の求めに係る申立て書面に理由欄を設けることなどにより申立ての理由の記載を要求すること、申立ての理由を尋ねることは不適切である。

② 申立人は、自己が診療記録の開示を求め得る者であることを証明する。

③ 医療機関の管理者は、担当の医師等の意見を聴いた上で、速やかに診療記録の開示をするか否か等を決定し、これを申立人に通知する。医療機関の管理者は、診療記録の開示を認める場合には、日常診療への影響を考慮して、日時、場所、方法等を指定することができる。

なお、診療記録についての開示の可否については、医療機関内に設置する検討委員会等において検討した上で決定

することが望ましい。

(4)　診療記録の開示に要する費用

○　医療機関の管理者は、申立人から、診療記録の開示に要する費用を徴収することができる。その費用は、実費を勘案して合理的であると認められる範囲内の額としなければならない。

8　診療情報の提供を拒み得る場合

○　医療従事者等は、診療情報の提供が次に掲げる事由に該当する場合には、診療情報の提供の全部又は一部を提供しないことができる。

①　診療情報の提供が、第三者の利益を害するおそれがあるとき

②　診療情報の提供が、患者本人の心身の状況を著しく損なうおそれがあるとき

＜①に該当することが想定され得る事例＞

・　患者の状況等について、家族や患者の関係者が医療従事者に情報提供を行っている場合に、これらの者の同意を得ずに患者自身に当該情報を提供することにより、患者と家族や患者の関係者との人間関係が悪化するなど、これらの者の利益を害するおそれがある場合

＜②に該当することが想定され得る事例＞

・　症状や予後、治療経過等について患者に対して十分な説明をしたとしても、患者本人に重大な心理的影響を与え、その後の治療効果等に悪影響を及ぼす場合

※　個々の事例への適用については個別具体的に慎重に判断することが必要である。

○　医療従事者等は、診療記録の開示の申立ての全部又は一部を拒む場合には、原則として、申立人に対して文書によりその理

由を示さなければならない。また、苦情処理の体制についても併せて説明しなければならない。

9　遺族に対する診療情報の提供

○　医療従事者等は、患者が死亡した際には遅滞なく、遺族に対して、死亡に至るまでの診療経過、死亡原因等についての診療情報を提供しなければならない。

○　遺族に対する診療情報の提供に当たっては、3、(7)の(1)、(3)及び(4)並びに8の定めを準用する。ただし、診療記録の開示を求め得る者の範囲は、患者の配偶者、子、父母及びこれに準ずる者（これらの者に法定代理人がいる場合の法定代理人を含む。）とする。

○　遺族に対する診療情報の提供に当たっては、患者本人の生前の意思、名誉等を十分に尊重することが必要である。

10　他の医療従事者からの求めによる診療情報の提供

○　医療従事者は、患者の診療のため必要がある場合には、患者の同意を得て、その患者を診療した又は現に診療している他の医療従事者に対して、診療情報の提供を求めることができる。

○　診療情報の提供の求めを受けた医療従事者は、患者の同意を確認した上で、診療情報を提供するものとする。

11　診療情報の提供に関する苦情処理

○　医療機関の管理者は、診療情報の提供に関する苦情の適切かつ迅速な処理に努めなければならない。

○　医療機関の管理者は、都道府県等が設置する医療安全支援センターや医師会が設置する苦情処理機関などの患者・家族からの相談に対応する相談窓口を活用するほか、当該医療機関においても診療情報の提供に関する苦情処理の体制の整備に努めなければならない。

12　診療情報の提供に関する規程の整備

○　医療機関の管理者は、診療記録の開示手続等を定めた診療情報の提供に関する規程を整備し、苦情処理体制も含めて、院内掲示を行うなど、患者に対しての周知徹底を図らなければならない。

資料2

医療事故に係る調査の流れ

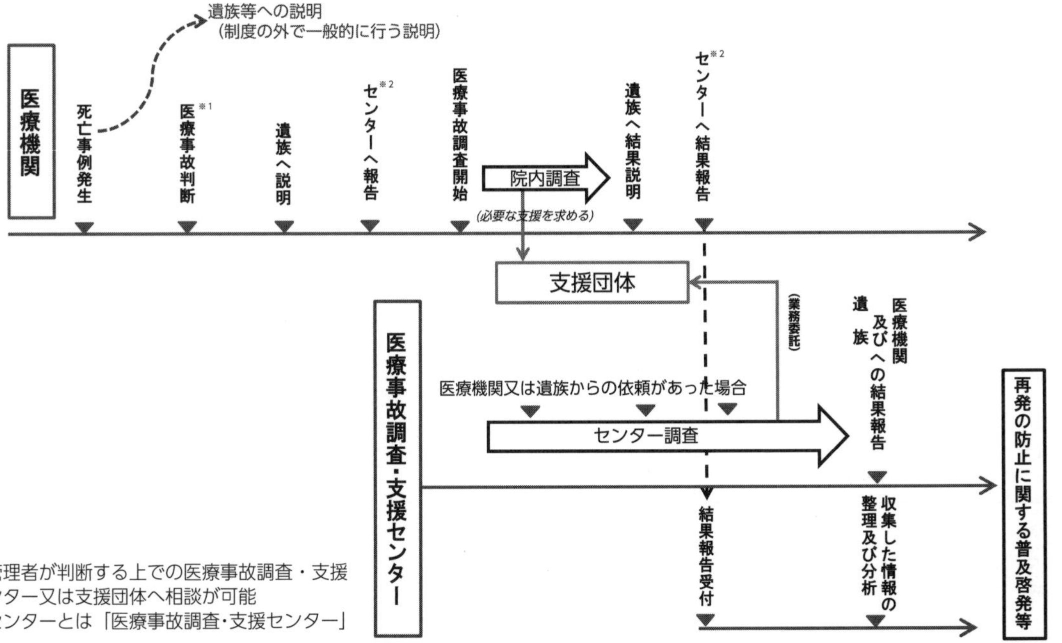

※1　管理者が判断する上での医療事故調査・支援センター又は支援団体へ相談が可能
※2　センターとは「医療事故調査・支援センター」

出典：厚生労働省（https://www.mhlw.go.jp/content/10800000/000890259.pdf）

資料3

ペイシェントハラスメントアンケート（長崎県看護協会・長崎県医師会）の調査報告書

2020年10月24日

（長崎県看護協会・長崎県医師会）

ペイシェントハラスメントアンケートの調査結果について

弁護士　福﨑博孝

第1　長崎県看護協会「看護職に対する患者・家族などからの暴言・暴力・セクシャルハラスメント」実態調査報告

令和元年９月から同年11月にかけて、長崎県看護協会は、「看護職に対する患者・家族などからの暴言・暴力・セクシャルハラスメント」の調査を実施しておられます。調査対象は、長崎県内の病院及び施設で働く看護の代表者240名・看護職600名とされていますが、回答があったのは128施設、看護師334名ということのようです。

そのアンケート結果をごく簡単にまとめると次のようになるようです。

1．職場環境について

①「組織的なリスク管理の整備状況」については、55施設（43％）が管理体制を整備している、40施設（31％）が整備していない、32施設（25％）が検討中と回答しておられます。

②「マニュアルやガイドラインの整備状況」については、49施設（38％）が整備している、47施設（37％）が整備していない、32施設（25％）が検討中と回答しておられます。

③「確たる姿勢を院内掲示で明示しているか」については、35施設（27%）が院内掲示で明示している、73施設（57%）が明示していない、19施設（15%）が検討中と回答しておられます。

④「被害を院内で把握する体制の整備状況」については、50施設（39%）が被害を院内で把握する体制を整備している、47施設（37%）が整備していない、29施設（23%）が検討中と回答しておられます。

⑤「ハラスメント教育の現状」については、49施設（38%）がハラスメントに関する教育を行っている、43施設（34%）が教育を行っていない、33施設（28%）が検討中と回答されています。

⑥「防止目的の保安体制」については、防犯ビデオ・監視カメラを設置しているのが48施設（38%）、抑止のための器具を常備しているのが21施設（16%）、警備委託先への非常通報ボタン・非常電話の実施が12施設（９%）、暴追センター等の不当要求責任者研修会に参加している施設が10施設（７%）、暴言・暴力などへ施設が確固たる対応をするという趣旨のポスター掲示や院内放送を行っている施設が23施設（18%）、対応電話の録音を行っている施設が19施設（15%）、防犯担当者を雇用している施設が20施設（16%）ということのようです。

⑦「その他」として、「警察への協力依頼、報告体制の確立と男性職員の対応、家族の協力を得るなどの意見が多かった」とされています。

２．看護職員の回答結果について

患者・家族より暴言・暴力・セクハラを受けたことがないと回答した人は334名中73名（約22%）であり、その他（約78%）は何らかのハラスメントを受けているようです。また、暴力については患者本人により暴力を自らが受けた人が148名（以下「自身148名」などと略す）、家族等により暴力が自身９人となっています。また、暴言については、患者本人による暴言は自身159人、家族等による暴言が72人となっています。セクハラについては、患者本人によるものが自身111人、家族等によるものが自身11人となっています。なお、暴言・暴力・セクハラの全てにおいて、自身が受けたことがあると答えた人と、周囲から聞いたことがある人の数は大きく差はなかったとされています。

①「身体的な暴力を受けたことがある人」について、患者本人による場合が自身148名、周囲151名、家族等による場合が自身９名、周囲21名とされています。

②「身体的な暴力の内容」については、手でたたく、物でたたく、蹴飛ばす、かみつく、つばを吐きかける、つねる、上を引っ張る等となっています。

③「言葉の暴力を受けたことのある人」について、患者による場合が自身159名、周囲157名、家族等による場合が自身72名、周囲96名とされています。

④「言葉の暴力の内容」については、怒鳴る、強迫、気に障ることを言う、攻撃的言動、威圧的言動、繰り返し責める等となっています。

⑤「セクハラを受けたことがある人」については、患者による場合が自身111名、周囲132名、家族等による場合が自身11名、周囲18名とされています。

⑥「セクハラの内容」については、体に障る、個人情報を聞き出す、ストーカー、卑猥な言動、その他等となっています。

⑦「暴言・暴力・セクハラを受けたときどうしたか」については、自身のこととして、「黙っていた」が25名、「自分で対応」が113名、「家族に相談」が13名、「上司に相談」が141名、「同僚に相談」が95名、「主治医に相談」が65名、「他職種に相談」が33名になっています。

⑧「暴言・暴力・セクハラを受けたときどう思ったか」については、対象の患者の退院を希望したが124名（37%）、仕方ないと思ったが120名（36%）、仕事が嫌になったが96名（29%）、怖くなったが76名（23%）、仕事を辞めたいと思ったが50名（15%）となっています。

⑨「職場の相談体制」についての質問には、職場の相談体制がある（自由記載：保安員がいる、相談窓口がある、定期的に面談ができる環境がある、相談員がいる、顧問弁護士への相談ができる等）と回答した人は164名（49%）、ないと回答した人は46名（13%）、分からないと回答した人が117名（34%）となっています。

⑩「職場の防止策」については、防止策があると回答した人は88名（26%）、ないと回答した人が87名（26%）、分からないと回答した人が148名（44%）となっています。

⑪「教育」については、教育があると回答した人は87名（26%）、ないと回答した人が116名（35%）、分からないと回答した人が121（36%）となっています。

⑫「自由記載」欄においては、「言葉による暴力が多い、精神的につらい、もう対象患者の所に行きたくないと思ってしまう」、「あざになるほど叩かれたり、つねられたりした。訴えたいと思うが、病院全体が患者様だから仕方がないという雰囲気」、「看護師には人権はないのかと感じる」、「松葉杖で頭をかち割ると脅された。半やくざ」、「吸引中に唾を吐きかけられた。我慢した。知的障害あり」、「県や国として病院施設をまもるような対策があれば良いと思う。」などが記載されています。

3．「看護の代表者」と「看護職員」の調査結果のまとめ

○　看護の代表者は「組織的なリスク管理体制の整備状況」が70%以上出来ていると回答しているが、看護職員は「職場に相談できる体制（対策）があるか」の質問に対し49%の人が「対策がない、知

らない」と答えていることから、職員への周知が十分でないと考えられます。

○　その他についても同様な傾向があり、「今後は、看護職員を患者・家族からの暴言・暴力・セクハラから守ることが大切であり、看護代表者が各々の施設へ働きかけ、身体的・精神的なフォローやすぐにでも出来る防止策から実践していかなければならないことが分かった」と結論付けられています。

第2　長崎県医師会ペイハラアンケートの調査結果について

長崎県医師会（病院部会）は、令和2年1月、県下全ての病院を対象にペイシェントハラスメント（以下「ペイハラ」）に関するアンケート調査を実施し（送付先147病院、回答数72病院）、同年7月31日、その調査結果を取りまとめています（以下「報告書」）。その報告の結果について、私の個人的な感想や意見を述べさせていただきます。

1．多くの病院がペイハラに難渋し悪戦苦闘していること

ペイハラ（暴言・暴力等）があったかどうかについての質問には、過去1年以内（又はそれ以前）に72病院中49（68.1％）の病院が「あった」と回答し、その態様については、①執拗かつ辛辣な対応要求、②脅迫・名誉毀損・侮辱・暴言、③医療行為等に対する非難や批判と責任追及の順番になっており、④業務妨害、⑤暴行・傷害なども少なくありません。さらに、ペイハラ患者家族の何に困っているかを聞くと、①職員が対応に時間をとられ業務に支障が生じていること、②職員の就労環境が悪化してしまうこと、③患者が“退院しない”等により不必要な入院が継続されてしまうこと（退院を勧告しても従わないこと）という順番になっています。これらを見る限り、多くの病院においてペイハラ患者家族への対応に難渋し、職員等が悪戦苦闘している様子がうかがえます。特に、サポー

ト内容についての質問において、○専門家によるカウンセリング、○精神科医又は心療内科の受診、○一定期間の休業などの回答がみられ、○労災認定を受けている場合もあることから、職員の就労環境への悪い影響は顕著のようです。○退職した人、○心労により体調を崩した人、○そのために休業を余儀なくされた人もみられ、○精神的ストレスによる感情障害を引き起こしたスタッフもおられるようです。

2．病院組織全体によるペイハラ対応の必要性

ペイハラ（暴言・暴力等）を受けた職種については、順に①看護職員、②事務職、③医師となっており、看護職員が89.8%と非常に多くなっています。これに対して、当該職員に対するサポートについて聞くと、「行っている」と回答した病院が41（83.7%）となってはいるものの、「行っていない」とする病院が８つ（16.3%）もあります。病院のペイハラ患者家族への対処は、組織全体の問題として組織全体で対応しないと職員が身体的にも精神的にもつぶれていきます。ペイハラに対しては、「常に病院組織の問題として組織全体で対処し、常に複数対応する」というのが大原則です。そうでないと、ペイハラへの効果的な対応はほとんど期待できないのです。

3．医療者も患者家族もペイハラの原因を相手方に求めてしまう

ペイハラの「原因」になったものが何かという質問もなされています。その回答数の順番は、①患者家族の誤った権利意識、②患者家族が抱えるメンタル障害・パーソナリティ障害、②病気や治療方針・実践したケアに対する不満や不安となっており、その後に、④医師をはじめ職員に対する誤解や悪感情、⑤患者家族の元来の反社会的性格、⑥医師・看護師等の説明不足（不十分なIC）と続いています。しかしこれは、医療者側から見た結果であって、患者家族側から見たらどうなるでしょうか。ある病院が、当該病院にクレー

ムをつけた患者家族のクレームの理由について調査したことがありますが、上記の⑥医師・看護師等の説明不足（不十分なIC）、②病気や治療方針・実践したケアに対する不満や不安、④医師をはじめ職員の態度に対する悪感情などが多くなっていました。すなわち、医療者側も患者家族側も、ペイハラの原因については自分たちの足元が見えていないという側面があるようなのです。

4．患者家族からのペイハラに対する病院側の対応策

ペイハラ（暴言・暴力等）に対する対策についての質問には、①事例等の情報共有、②弁護士との提携（顧問契約の締結など）、③対応マニュアルやガイドラインの作成、④担当部署の設置、④職員研修などが回答の多い順に並んでいます。しかし、ペイハラ防止啓発ポスターの掲示、院内放送などはそう多くはなく、「特に対策はしていない」という回答もあります。ペイハラ防止啓発ポスター掲示や院内放送は比較的ペイハラ防止に比較的効果的です。いずれにしても、「特に対策はしていない」というのは論外だろうと思われます。また、実際に行った対応についての質問には、その多くが①相手方との話合いと回答されています（これは当然のことです。）。しかし、②以後の診療拒否、②院内立入禁止、③誓約書等の書面を書かせる、④警察介入、⑤弁護士への相談などもみられ、それなりの具体的な対応がなされている場合も多いようです。もっとも、「現場の医師・看護師等に任せている」「特に対応したことはない」という回答もあり、今後は「それでは済まないケース」が増えてくるのではないでしょうか。

5．ペイハラ事件を減らすための病院側のこれからの取組み

ペイハラ（暴言・暴力等）をなくすために必要な取組みについても質問されており、多い順に、①職員のコミュニケーション能力の向上（70.8%）、②ペイハラに対する職員対応の研修（61.1%）、③警察との連携（55.6%）、④対応マニュアル等の整備（52.8%）、⑤

弁護士との連携（48.6%）、⑥診療拒否・立入禁止等の毅然とした対応（47.2%）、⑦地域病院間での情報共有と共助（37.5%）などとなっています。これらを見る限り、職員への研修等によるコミュニケーション能力の向上によってペイハラ事件を減らせることができるのではないか等ということは各病院とも自覚されているようです。

しかし、長崎県医師会がペイハラ勉強会を催した場合には95.6%の病院が参加すると回答され、しかも、各病院が長崎県医師会に対し、研修会（指導者向け研修会、コミュニケーション能力・ＩＣ能力を向上させるための研修会、事例検討会、情報共有のための意見交換会）の開催、ペイハラについての対応マニュアル又は指針の策定、医師会による相談体制・（第３者機関的な）対応体制、ポスター・研修用資料等の作製、弁護士紹介窓口の設定などを求めておられるところをみれば、ペイハラを減らすためには何が必要なのか（コミュニケーション能力の向上等）について理解はしているものの、各病院ともその具体的な手立てが分からない（医師会の研修で学びたい）という状況にあるような気がします。

第3　まとめ

以上のとおり、一部の患者家族からの医療者に対するペイハラは、医療現場の就労環境を悪化させる大きな要因の一つになっており、多くの医師・看護師・コメディカル職員・事務系職員等を困惑させ、多くの病院の医療業務に支障を発生させているようです。これらは、医療の質を低下させる要因ともなっています。これらに対する対応を一つの病院・医療者個人の問題として対応することは困難となってきています。これからは、アンケートに見られる病院や医療者の悲痛な声を受け取った医師会や看護協会が今後どう対応するのかという問題になってきているものと思われます。　以上

資料4

各都道府県医師会及び医療機関との連携の推進等について
（令和4年6月20日警察庁発通達）

原議保存期間	1年（令和6年3月31日まで）
有効期間	二種（令和6年3月31日まで）

警視庁生活安全部長
警視庁地域部長　殿
警視庁刑事部長
各道府県警察本部長
（参考送付先）
　各方面本部長
　各管区警察局広域調整担当部長

警察庁丁生企発第346号
警察庁丁刑企発第59号
令和4年6月20日
警察庁生活安全局生活安全企画課長
警察庁刑事局刑事企画課長

各都道府県医師会及び医療機関との連携の推進等について（通達）

各都道府県警察においては、これまでも、各都道府県医師会及び医療機関と連携し、医療従事者等の安全の確保に取り組んできたところであるが、昨年12月に発生した大阪府の医療機関における殺人等事件や、本年1月に発生した埼玉県における医療従事者に対する殺人等事件等を受け、本日、公益社団法人日本医師会会長から別添のとおり依頼がなされた。

各都道府県警察にあっては、同依頼の趣旨を踏まえ、各都道府県医師会との間で、医療従事者等の安全確保のための意見交換を行う機会を設けるなど、各都道府県医師会等と所要の連携を図るとともに、各都道府県医師会等から相談、110番通報等がなされた場合には、その内容に応じて、生活安全部門、刑事部門をはじめとする関係部門が連携し、指導、助言、検挙等の必要な措置を確実に講じられたい。

別添

日医発第574号（法安）
令和４年６月20日

警察庁長官
中村　格　殿

公益社団法人　日本医師会
会長　中川　俊男
（公印省略）

医師会及び医療機関への安全確保に資する支援について（ご依頼）

日頃、円滑な本会業務遂行に対しては、格別のご高配を賜り厚く御礼申し上げます。

今般、本会では、患者及び医療従事者が犠牲となる事件が相次いだことを重く受け止め、会内に医療従事者の安全を確保するための対策検討委員会を設置し検討を進めてまいりました。

その中で、現実に危険が差し迫った状況への対応については、警察との連携が極めて重要であることから、日頃より都道府県医師会と都道府県警察との間において緊密な関係を構築することが喫緊の課題との認識を新たにしたところです。

貴庁におかれましては、ご了知のうえ、都道府県警察に対し、全国の医師会、医療機関からの依頼を踏まえ、安全確保に資する必要な支援を的確に行っていただくようご周知方ご高配賜りますようお願い申し上げます。

資料５

応招義務をはじめとした診察治療の求めに対する適切な対応の在り方等について（令和元年12月25日医政発1225第４号）

医政発1225第４号
令和元年12月25日

各都道府県知事　殿

厚生労働省医政局長
（公印省略）

応招義務をはじめとした診察治療の求めに対する適切な対応の在り方等について

医師法（昭和23年法律第201号）第19条第１項においては、「診療に従事する医師は、診察治療の求があつた場合には、正当な事由がなければ、これを拒んではならない。」として、いわゆる医師の「応招義務」を定めている。この応招義務に関連して、「病院診療所の診療に関する件」（昭和24年９月10日付け医発第752号厚生省医務局長通知。以下「昭和24年通知」という。）等において、医師や医療機関（病院、診療所など）への診察治療の求めに対する対応に関する解釈を示してきたところであるが、現代においては、医師法制定時から医療提供体制が大きく変化していることに加え、勤務医の過重労働が問題となる中で、医師法上の応招義務の法的性質等について、改めて整理する必要性があること、また、現代の医療は、個々の医師のみならず医療機関を含む地域の医療提供体制全体で提供されるものという前提に立つと、医師個人のみならず、医療機関としての対応も含めた整理の必要性があることが指摘されていた。

このため、「医療を取り巻く状況の変化等を踏まえた医師法の応召義務の解釈に関する研究（平成30年度厚生労働省行政推進調査事業費補助事業）」（研究代表者：岩田太上智大学法学部教授）において、医療提供体制の変化や医師の働き方改革といった観点も踏まえつつ、医師法上の応招義務の法的性質をはじめ、医師や医療機関への診療の求めに対する適切な対応の在り方について検討を行い、このほど別添のとおり報告書をとりまとめた。

今般、当該報告書の内容を踏まえ、医師法第19条第１項及び歯科医師法（昭和23年法律第202号）第19条第１項の法的性質を明確にするとともに、どのような場合に診療の求めに応じないことが正当化されるか否かについて、下記のとおり整理したので、貴職におかれては、これを御了知の上、貴管下保健所設置市（特別区を含む。）、関係機関の長、関係団体等に対する周知徹底をお願いする。

なお、過去に発出された応招義務に係る通知等において示された行政解釈と本通知の関係については、医療を取り巻く状況の変化化等を踏まえて、診療の求めに対する医療機関・医師・歯科医師の適切な対応の在り方をあらためて整理するという本通知の趣旨に鑑み、今後は、基本的に本通知が妥当するものとする。

記

1　基本的考え方

(1)　診療の求めに対する医師個人の義務（応招義務）と医療機関の責務

医師法第19条第１項及び歯科医師法第19条第１項に規定する応招義務は、医師又は歯科医師が国に対して負担する公法上の義務であり、医師又は歯科医師の患者に対する私法上の義務ではないこと。

応招義務は、医師法第19条第１項及び歯科医師法第19条第１

項において、医師又は歯科医師が個人として負担する義務として規定されていること（医師又は歯科医師が勤務医として医療機関に勤務する場合でも、応招義務を負うのは、個人としての医師又は歯科医師であること）。

他方、組織として医療機関が医師・歯科医師を雇用し患者からの診療の求めに対応する場合については、昭和24年通知にあるように、医師又は歯科医師個人の応招義務とは別に、医療機関としても、患者からの診療の求めに応じて、必要にして十分な治療を与えることが求められ、正当な理由なく診療を拒んではならないこと。

(2) 労使協定・労働契約の範囲を超えた診療指示等について

労使協定・労働契約の範囲を超えた診療指示等については、使用者と勤務医の労働関係法令上の問題であり、医師法第19条第１項及び歯科医師法第19条第１項に規定する応招義務の問題ではないこと。（勤務医が、医療機関の使用者から労使協定・労働契約の範囲を超えた診療指示等を受けた場合に、結果として労働基準法等に違反することとなることを理由に医療機関に対して診療等の労務提供を拒否したとしても、医師法第19条第１項及び歯科医師法第19条第１項に規定する応招義務違反にはあたらない。）

(3) 診療の求めに応じないことが正当化される場合の考え方

医療機関の対応としてどのような場合に患者を診療しないことが正当化されるか否か、また、医師・歯科医師個人の対応としてどのような場合に患者を診療しないことが応招義務に反するか否かについて、最も重要な考慮要素は、患者について緊急対応が必要であるか否か（病状の深刻度）であること。

このほか、医療機関相互の機能分化・連携や医療の高度化・専門化等による医療提供体制の変化や勤務医の勤務環境への配慮の観点から、次に掲げる事項も重要な考慮要素であること。
・診療を求められたのが、診療時間（医療機関として診療を提供することが予定されている時間）・勤務時間（医師・歯科医師が医療機関において勤務医として診療を提供することが予定されている時間）内であるか、それとも診療時間外・勤務時間外であるか
・患者と医療機関・医師・歯科医師の信頼関係

2　患者を診療しないことが正当化される事例の整理
(1)　緊急対応が必要な場合と緊急対応が不要な場合の整理
1(3)の考え方を踏まえ、医療機関の対応として患者を診療しないことが正当化されるか否か、また、医師・歯科医師個人の対応として患者を診療しないことが応招義務に反するか否かについて、緊急対応が必要な場合（病状の深刻な救急患者等）と緊急対応が不要な場合（病状の安定している患者等）に区分した上で整理すると、次のとおりであること。
①　緊急対応が必要な場合（病状の深刻な救急患者等）
ア　診療を求められたのが診療時間内・勤務時間内である場合
医療機関・医師・歯科医師の専門性・診察能力、当該状況下での医療提供の可能性・設備状況、他の医療機関等による医療提供の可能性（医療の代替可能性）を総合的に勘案しつつ、事実上診療が不可能といえる場合にのみ、診療しないことが正当化される。
イ　診療を求められたのが診療時間外・勤務時間外である場合
応急的に必要な処置をとることが望ましいが、原則、公法上・私法上の責任に問われることはない（※）。

※　必要な処置をとった場合においても、医療設備が不十分なことが想定されるため、求められる対応の程度は低い。（例えば、心肺蘇生法等の応急処置の実施等）

※　診療所等の医療機関へ直接患者が来院した場合、必要な処置を行った上で、救急対応の可能な病院等の医療機関に対応を依頼するのが望ましい。

②　緊急対応が不要な場合（病状の安定している患者等）

ア　診療を求められたのが診療時間内・勤務時間内である場合

原則として、患者の求めに応じて必要な医療を提供する必要がある。ただし、緊急対応の必要がある場合に比べて、正当化される場合は、医療機関・医師・歯科医師の専門性・診察能力、当該状況下での医療提供の可能性・設備状況、他の医療機関等による医療提供の可能性（医療の代替可能性）のほか、患者と医療機関・医師・歯科医師の信頼関係等も考慮して緩やかに解釈される。

イ　診療を求められたのが診療時間外・勤務時間外である場合

即座に対応する必要はなく、診療しないことは正当化される。ただし、時間内の受診依頼、他の診察可能な医療機関の紹介等の対応をとることが望ましい。

(2)　個別事例ごとの整理

1(3)の考え方を踏まえ、医療機関の対応として患者を診療しないことが正当化されるか否か、また、医師・歯科医師個人の対応として患者を診療しないことが応招義務に反するか否かについて、具体的な事例を念頭に整理すると、次のとおりであること。なお、次に掲げる場合であっても、緊急対応が必要な場合については、2(1)①の整理により、緊急対応が不要かつ診療を求められたのが診療時間外・勤務時間外である場合については、2(1)②イの整理による。

① 患者の迷惑行為

診療・療養等において生じた又は生じている迷惑行為の態様に照らし、診療の基礎となる信頼関係が喪失している場合（※）には、新たな診療を行わないことが正当化される。

※ 診療内容そのものと関係ないクレーム等を繰り返し続ける等。

② 医療費不払い

以前に医療費の不払いがあったとしても、そのことのみをもって診療しないことは正当化されない。しかし、支払能力があるにもかかわらず悪意を持ってあえて支払わない場合等には、診療しないことが正当化される。具体的には、保険未加入等医療費の支払い能力が不確定であることのみをもって診療しないことは正当化されないが、医学的な治療を要さない自由診療において支払い能力を有さない患者を診療しないこと等は正当化される。また、特段の理由なく保険診療において自己負担分の未払いが重なっている場合には、悪意のある未払いであることが推定される場合もある。

③ 入院患者の退院や他の医療機関の紹介・転院等

医学的に入院の継続が必要ない場合には、通院治療等で対応すれば足りるため、退院させることは正当化される。医療機関相互の機能分化・連携を踏まえ、地域全体で患者ごとに適正な医療を提供する観点から、病状に応じて大学病院等の高度な医療機関から地域の医療機関を紹介、転院を依頼・実施すること等も原則として正当化される。

④ 差別的な取扱い

患者の年齢、性別、人種・国籍、宗教等のみを理由に診療しないことは正当化されない。ただし、言語が通じない、宗教上の理由等により結果として診療行為そのものが著しく困難であるといった事情が認められる場合にはこの限りではない。

このほか、特定の感染症へのり患等合理性の認められない理由のみに基づき診療しないことは正当化されない。ただし、１類・２類感染症等、制度上、特定の医療機関で対応すべきとされている感染症にり患している又はその疑いのある患者等についてはこの限りではない。

⑤　訪日外国人観光客をはじめとした外国人患者への対応

外国人患者についても、診療しないことの正当化事由は、日本人患者の場合と同様に判断するのが原則である。外国人患者については、文化の違い（宗教的な問題で肌を見せられない等）、言語の違い（意思疎通の問題）、（特に外国人観光客について）本国に帰国することで医療を受けることが可能であること等、日本人患者とは異なる点があるが、これらの点のみをもって診療しないことは正当化されない。ただし、文化や言語の違い等により、結果として診療行為そのものが著しく困難であるといった事情が認められる場合にはこの限りではない。

資料6

絶対に許しません！　暴言・暴力・迷惑行為

（長崎県医師会・長崎県警察）

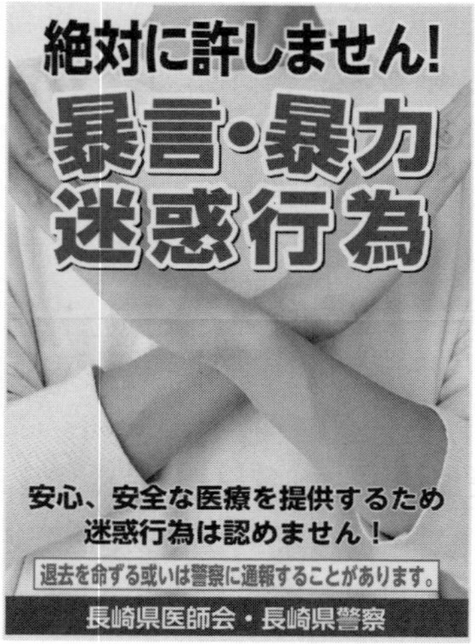

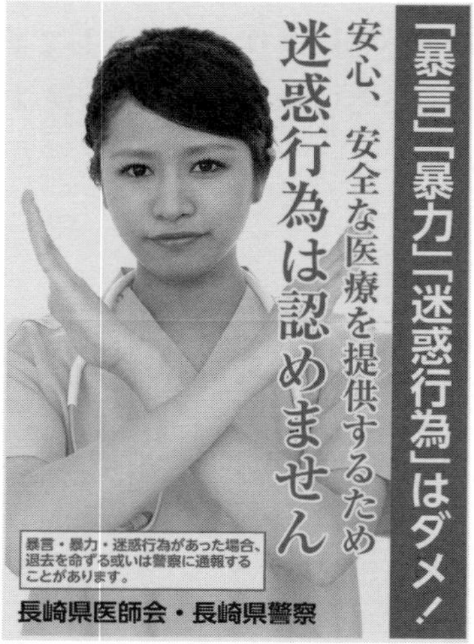

あとがき

日本赤十字社長崎原爆病院
院長　谷口英樹

昔から医療者が患者さんやご家族から受けるクレームは少なからずあり、理不尽な暴言・暴力、脅迫、居座りなど、著しくモラルに欠けた振る舞いをする患者・家族のことを「モンスター・ペイシェント」と呼んでいました。しかし、当院の顧問弁護士である福崎先生から「モンスター」という言葉はよくない、きちんと体系立てて世に知らしめた方がよいとアドバイスされ、ちょうどそのころ、社会的にもハラスメントの一種であるとして、ペイシェント・ハラスメントという言葉が使われ始めましたので、当院でもペイシェント・ハラスメント（以下、ペイハラ）という呼び方で統一し、取り組みをスタートしました。これが当院のペイハラ対策の原点ともいえる時期です。実は私の医籍登録と福崎先生の弁護士登録は1981年で同年であることもあり、福崎先生とは医療安全を中心とする病院運営の法的な側面で二人三脚的に歩んできたと思っています。

近年の医療の進歩は目覚ましいものがあり、多くの患者さんやご家族は病院に来たら当然治るだろう、治って当たり前だと思って病院に来られます。しかし医師の立場から言うと、医療は必ずしも100％ではなく、治らない病気もあるし、最善を尽くし、全くミスなくやっても、患者さん、ご家族の思いどおりの結果にならないことも多々あります。そういう患者さん側の期待と医療の不確実性のギャップがペイハラの原因につながっている面も多いのではないかと思います。

もう一つは、患者・家族側の権利意識の高まりです。近年、患者の方が医師よりも立場が上なのだという誤った認識を持つ人が増えてきたように感じます。私たちはあくまでも患者と医療者は対等であると思っています。決して一方的にサービスを提供するわけではなく、お互いの信頼関係の中で医療、看護を提供しています。そして患者さんはそれに見合った診療報酬を負担する、という信頼関係があって医療は成り立っているのです。しかし、中にはお金を払っているのだから医療者は患者の言うことを聞いて当然だというような誤った権利意識を持った患者・家族もいます。

本文中福﨑先生も言及されていますが、厚生労働省が「患者中心の医療」ということを強調したことがきっかけで、各病院で患者に「様」を付ける呼び方を普及した時期があったのですが、そのことが一部の人の誤った権利意識や変なお客様意識を助長したという見方もあり、当院では数年前から「さん」付けで呼ぶようにしています。もちろん、新人職員には、患者さんは人生の先輩なのだからリスペクトして接しなさいと研修を通して教育していますが、立場の上では対等という考え方でよいと思っています。

さて、私自身は院長として病院に届くすべてのご意見に目を通していますが、相談支援室に集まった様々なクレーム事例は、月１回の医療安全管理委員会のほか、病院の管理職で構成した事例検討会など複数の委員会を作って検討しています。1人で見るのではなく、複数の目で、カルテを参照しながら見ていくのですが、その際には福﨑事務所の弁護士さんを入れて、客観的に判断しています。中には正当なクレームもあり、病院側の説明不足が明らかであったり、対応がぞんざいであったと思われるケースも確かに存在します。「クレームは宝」という言葉がありますが、ご意見が病院運営の改善に資する場合も多いのです。そのようなときは真摯に反省して他の職員にもフィードバックし、事例検討の中で再発防止のための対策を考えます。反対に、患者さん側が言っていることが、誰が聞いても理にかなっていない、あまりにも態度が悪い、暴言がひどいときには、弁護士の先生と相談した上でしかるべき対応をとるという体制をとっています。

また、本書に書かれた事務的なこと、例えばカルテに書いてあることはあったこと、カルテに書いていないことはなかったことなどという内容は医療者が肝に銘ずることです。多忙な中であっても必ずカルテに事実を書くこと。こう言ったら、こう言われたなど、生の声をそのまま記録に残すことが重要です。私自身、福﨑先生が病院の研修等で言われる基本的なことは非常に参考になっていますし、日常の診療の中で役立てています。過度なクレームに対して正確に記録を残していることで、その後の対応が非常にやりやすくなるのです。

それと、もう一つ大切なことは、患者さん、ご家族に対して正しくわかりやすく説明すること。説明をする能力は医療者として必要な能力です。患者さん、ご家族に思いどおりにならない結果であっても丁寧に、医学的に説明したらクレームに発展しないことはしばしば経験することです。私は1981年から外科医として勤務しておりますが、説明する能力は、手術がうまい、診断能力が高いということと同じくらい大事だし必要だと思っています。ある程度は訓練により獲得することができますので、接遇の研修などを積極的に受けることはもちろんですが、インフォームドコンセントに関する本なども出ていますので、医療者の皆さんはぜひ個人個人で説明する能力を磨いてほしいと思います。

私がこのような考え方を持つようになったのは福崎先生と一緒にペイハラをはじめとする医療安全の活動を行ってきた歴史が大きな要因の一つです。

さて、本書を改めて熟読して、ペイハラの原点（法的考えかた、対処法を含め）を一から考え、実践していくことを助けてくれる素晴らしい内容だと強く感じました。

ペイハラ対処法を様々な裁判例を引用しながら丁寧に解説してあり、今日からでも現場の医療者のペイハラ対策のバイブルになりうる書だと思います。もちろんすべての医療者に読んでいただきたい書ですが、特に強調したいのは院長はじめ病院の経営層には是非ご一読いただきたいということです。ペイハラ対応４原則の部分（本文中15頁、122頁）は病院幹部の理解なしにはとうてい実践できません。病院幹部はペイハラに対しては常に病院組織全体で対応するということを意識しながら病院運営を行っていくべきですし、そうした病院の方針により職員が安心して働ける環境を作り出せると考えます。患者満足も重要ですが、職員満足も同様に重要であるということを病院幹部は銘記すべきだと思います。

暴言、暴力に代表されるペイハラは医療界にとって大きな問題となっています。最近は大企業であるニンテンドーがカスタマーハラスメントに対して毅然と対応する旨表明したことが話題になりました。市中病院で、ペイハラが原因で病院側が患者・家族を逆に訴えたという事例もあります。

もとより医療機関は患者に寄り添うことを第一に考えるべきでありますが、過度のハラスメントに対しては毅然として対峙することもまた必要です。そうすることによってかえって健全な医療者と患者・家族の関係が構築されると信じています。

最後に本書がそのような健全な医療者と患者・家族の関係を築いてくれる大きな一助となることを切に願ってあとがきに代えたいと思います。

著者略歴

福﨑　博孝（ふくざき　ひろたか）

九州大学法学部卒、昭和56年弁護士登録。
その後、長崎北松じん肺訴訟事件、豊田商事被害事件、雲仙普賢岳噴火災害・阪神淡路大震災の被災者支援活動と被災者生活再建支援法制定運動に関わった。
医療関係では、平成10年頃まで患者家族側の立場で医療事故紛争に携わったが、その後は現在に至るまで医療側の立場で“臨床現場とコミットした臨床医療法務”に関わることが多くなっている。
著書としては、『カード被害救済の法理と実務』（民事法研究会、2011年３月）、『裁判例から学ぶ　インフォームド・コンセント－患者と医療者をつなぐために』（民事法研究会、2015年８月）など。

弁護士法人ふくざき法律事務所
〒850-0034
長崎県長崎市樺島町４番６号　ソフィアビル２階
TEL　０９５－８２４－８１８６
FAX　０９５－８２４－８２８６

医療事故・ペイシェントハラスメント
紛争予防・解決の実践的手法
患者・家族との向き合い方

令和５年８月20日　初版発行

日本法令®

〒101-0032
東京都千代田区岩本町１丁目２番19号
https://www.horei.co.jp/

検印省略

著　者　福　崎　博　孝
発行者　青　木　鉱　太
編集者　岩　倉　春　光
印刷所　星野精版印刷
製本所　国　宝　社

（営　業）　TEL　03-6858-6967　　Eメール　syuppan@horei.co.jp
（通　販）　TEL　03-6858-6966　　Eメール　book.order@horei.co.jp
（編　集）　FAX　03-6858-6957　　Eメール　tankoubon@horei.co.jp

（オンラインショップ）　https://www.horei.co.jp/iec/
（お詫びと訂正）　https://www.horei.co.jp/book/owabi.shtml
（書籍の追加情報）　https://www.horei.co.jp/book/osirasebook.shtml

※万一、本書の内容に誤記等が判明した場合には、上記「お詫びと訂正」に最新情報を掲載しております。ホームページに掲載されていない内容につきましては、FAXまたはEメールで編集までお問合せください。

・乱丁、落丁本は直接弊社出版部へお送りくださればお取替えいたします。

ISBN 978-4-539-72983-0